AF190783

Wellen am Horizont

Trancegeschichten

Wellen am Horizont
Trancegeschichten

© 2009 - I. M. Simon

ISBN: 978-3-8391-1394-3
Herstellung und Verlag:
Books on Demand GmbH, Norderstedt
Alle Rechte liegen beim Autor

Wichtiger Hinweis

Die Inhalte dieses Buches beruhen auf den praktischen Erfahrungen des Autors mit Hypnoseanwendungen und Psychotherapie im Zustand der Trance. Obwohl sich der Autor um größtmögliche Sorgfalt bemüht hat, können Fehler oder Missverständnisse in der Darstellung nicht vollkommen ausgeschlossen werden. Die therapeutische Arbeit mit Menschen sowie die Anwendung der Hypnose obliegen ausschließlich der Verantwortung des Hypnotiseurs. Es kann nicht ausgeschlossen werden, dass Teile dieses Buches falsch verstanden werden oder die Anwendung eines vorgestellten Verfahrens eine ungewünschte Reaktion beim Klienten bewirken kann. Eine Mitverantwortung des Autors besteht auch dann nicht, wenn unter Hinweis auf die Ausführungen dieses Buches mit einem Klienten gearbeitet wird.

Inhaltsverzeichnis

Vorbemerkungen

Wozu Trancegeschichten?

Wer mit Trancezuständen arbeitet, ob nun in der psychotherapeutischen Praxis, in der Lebensberatung oder zu Hause, macht sehr schnell die Erfahrung, dass die Vorstellungskraft der Menschen der eigentliche Schlüssel zur Erleichterung, zur Linderung einer Symptomatik oder zur Heilung ist. Ich bin davon überzeugt, dass jeder Mensch in seinem Leben nur die Wege geht, die er in Gedanken bereits gegangen ist. Das gilt sowohl für die angenehmen als auch für die unangenehmen Entscheidungen und Ereignisse. Sicherlich gehen wir selten gezielt einen unangenehmen Weg oder einen, der uns schadet. In diesen Fällen sind wir eher von unserem schlechten Gewissen oder von unserer tiefen Überzeugung, etwas Bestimmtes denken oder fühlen zu müssen, getrieben. Die unverstellte Sicht auf unsere tatsächlichen Wünsche und Bedürfnisse, die deutliche Wahrnehmung und das Akzeptieren unserer tiefen inneren Gefühle sind uns im Verlauf unserer Erziehung und Entwicklung mehr oder weniger verloren gegangen. Da wir uns auch anpassen müssen, vor allem, um Zuneigung zu erfahren, ist es nicht möglich, nur nach unseren Bedürfnissen zu handeln. Ein solcher

Egoismus wäre nicht hilfreich. Ein soziales Miteinander könnte so nicht überdauern. Dennoch könnten wir unsere Gefühle unverstellt wahrnehmen und somit erkennen, dass wir nicht immer nach ihnen handeln. Das hätte den Vorteil, dass wir uns regelmäßig darum kümmern würden, unseren Empfindungen Raum und Anerkennung zu geben. Wir könnten gleichzeitig angepasst sein, wo dies erforderlich ist, und emotional ganz bei uns selbst sein. Dieser Spagat wäre sehr viel angenehmer und in seiner Natürlichkeit leichter anzunehmen als die erwünschten, die anerzogenen oder die mit Zuneigung belohnten Gefühle zu den scheinbar eigenen zu machen. Denn auslöschen können wir die eigentlichen Emotionen in unserem Inneren nicht. Wir verdrängen sie nur und fangen an zu leiden.

Therapie sollte auf Versöhnung ausgelegt sein. Versöhnung mit den eigenen Gefühlen und Gedanken. Wenn es uns gelingt, uns selbst anzunehmen, als schuldlos und gut zu betrachten, dann beginnt Heilung. Dabei spielt es zunächst keine Rolle, ob unser Leben gerade gelingt, oder ob wir körperlich oder psychisch belastet oder krank sind. Jeder Mensch profitiert von dem Weg zu sich selbst, zu seinen eigenen Gefühlen und Stimmungen, zu seinem tiefen Seelenleben. Dabei benötigen wir keine Tiefenanalyse oder komplexe Theorien. Es genügt, einen Zugang zu der eigenen Gefühlswelt zu finden und den Mut aufzubringen, hindurch zu gehen. In der Hypnosetherapie eröffne ich meinen Klienten einen sanften und überwiegend angenehmen Weg zu sich selbst. Dabei arbeite ich hauptsächlich mit Trancegeschichten. Das sind Geschichten, die im Zustand der Trance erzählt werden. Über Bilder, die sich das Unterbewusstsein besonders gut vorstellen kann, wird der Zugang zur eigenen Gefühlswelt eröffnet, und es entstehen heilsame Prozesse. Alte und verkrustete Denk- oder Wahrnehmungsstrukturen, unpassende Urteilsmuster und fremdgesteuertes Erleben werden abgelöst und durch Selbsterkenntnis und Selbstliebe ersetzt. Der Vorteil von Trancegeschichten liegt in der bildhaften Annäherung und der emotionalen Wirkung von Bildern im Unterbewusstsein, wobei auch das Wachbewusstsein gerne in Bildern und Fantasien denkt. Wer kennt schon keine Tagträume oder Wunschfantasien?

Trancegeschichten werden auch als Trancereisen, Fantasiereisen oder Tagtraumreisen bezeichnet. Ich benutze alle Begriffe, denn sie unterscheiden sich in ihrem Grundwesen überhaupt nicht. Wenn ich in meiner psychotherapeutischen Heilkundepraxis mit Tagträumen arbeite, so handelt es sich um Fantasiereisen, die von mir erzählt werden. Der Klient stellt sich dazu Bilder vor oder sieht sie im Trancezustand von selbst.

Manchmal weichen die Bilder des Klienten auch von meinen Schilderungen, die immer viel Raum für eigene Fantasien lassen, auch stark ab. Meine Erfahrung zeigt, dass das überhaupt nicht stört. Meistens ist es ein Signal dafür, dass der Klient sich bereits innerlich entscheidet, selbständiger zu sein, seine eigenen Wege zu gehen und sich nicht steuern zu lassen. Es handelt sich also um positive Signale. Wenn Ihre Klienten oder die Mensche, denen Sie eine Trancegeschichte aus diesem Buch vorlesen, also ganz andere Fantasien entwickeln, ist das völlig in Ordnung und auch gut so. Die Wirkung der Trancegeschichte zeigt sich dennoch. Es ist auch nicht erforderlich, wirklich aktiv zuzuhören. Im Zustand der Trance wirken alle gesprochenen Worte mehr oder weniger als Suggestionen, also als Aufforderung, bestimmte Bilder sich einmal vorzustellen und wirken zu lassen. Das geschieht dann zumindest tief im Innern auf jeden Fall.

Für wen eignen sich diese Trancegeschichten?

Besser sollten wir fragen, für wen sie sich nicht eignen. Wenn Sie die Geschichten vorlesen, entsteht beim Zuhörer automatisch eine Trance. Voraussetzung ist nur, dass Sie ruhig und nicht zu schnell lesen. Die Geschichten sind so aufgebaut, dass eine kurze Tranceeinleitung den ersten Teil bildet. Es entsteht aber in solch kurzen

Sequenzen keine Tiefentrance. Hypnotische Zustände sind völlig ungefährlich und zudem auch noch alltäglich. Es handelt sich bei Trance um ein ganz natürliches Phänomen. Hier wird immer wieder sehr viel übertrieben und ohne nachvollziehbaren Grund vor Trancezuständen gewarnt. Den vermutlich größten Fehler macht die Psychoanalyse, die davon ausgeht, dass mit Hypnose das Unterbewusstsein nicht zu erreichen wäre. Das Unterbewusstsein, richtigerweise müssten wir es das Unbewusste nennen, ist ja nicht irgendwo verborgen oder abgetrennt von uns. Alles, was wir im Wachbewussten, also in unseren aktiven Gedanken, wahrnehmen, gelangt auch ins Unterbewusstsein. Auch die Zeilen, die Sie gerade lesen. Trance fokussiert den Blick nach innen. Umgebungsreize spielen eine untergeordnete Rolle und werden nicht mehr so stark in unser Denken einbezogen. Nur darum geht es zunächst beim Einleiten eines Trancezustandes. Da der Filter der Interpretationen, der sich in unserem wachen Denken befindet und alles bewertet, während der Trance, abhängig von der Tiefe, mehr oder weniger eingeschränkt ist, gelingt ein direkterer Zugang zum Bereich des Unbewussten. Und genau dort können nachhaltige Veränderungen angestoßen und in Gang gesetzt werden. Eine zärtliche Trancegeschichte kann daher keinen Schaden anrichten.

Die Tagtraumreisen in diesem Buch behandeln Themen, die für alle Menschen mehr oder weniger bedeutsam sind. Sie helfen grundsätzlich, über die im jeweiligen Titel angesprochenen Themen oder Inhalte nachzudenken und einen neuen Zugang zu ihnen zu erhalten. Eine Grundwirkung aller Geschichten ist außerdem eine gewisse Entspannung.

Wie können die Geschichten eingesetzt werden?

Jede Geschichte beginnt mit einem kleinen Einleitungsteil, den ich kursiv und in Klammern dem eigentlichen Trancetext vorangestellt habe. Wenn Sie eine Fantasiereise zur Entspannung vorlesen oder um einen Menschen das betreffende Thema betrachten zu lassen, ohne vorher mit ihm therapeutisch gearbeitet zu haben, sollten Sie diese Einleitung vorlesen. Jeder Tagtraum dieses Buches dauert ca. zehn bis fünfzehn Minuten, je nach Lesetempo. Ich habe das ganz gezielt so gewählt, damit die Trancereisen auch in therapeutische oder Beratungssitzungen eingebaut werden können. Dort eignen sie sich zum Abschluss oder als integrierter Teil einer Sitzung, die bei den meisten Therapeuten fünfundvierzig bis neunzig Minuten dauert. Therapeuten formulieren dann möglicherweise besser eine eigene Hinleitung zur Trancereise, die in den therapeutischen Kontext oder den Ablauf der Therapie passt. Die eigentliche Tagtraumreise kann dann einfach vorgelesen werden. Im Text habe ich Lücken gelassen, die ich mit Pünktchen ausgefüllt habe … … Diese sollen den Lesefluss verlangsamen. Es ist wichtig, nicht zu schnell zu lesen, um dem Zuhörer und seinem Unterbewusstsein die Gelegenheit zu geben, das Gehörte nachzuempfinden und eine bildhafte Vorstellung dazu zu entwickeln. Lassen Sie etwas ruhige Instrumentalmusik im Hintergrund laufen. Das erleichtert die Entspannung und erhöht die Wirkung der Trancegeschichten.

Ich verzichte auf eine theoretische Erklärung der Wirkungsweise von Trancegeschichten und darüber, welche Wörter man benutzen oder lieber weglassen sollte, wenn man solche Geschichten schreibt oder frei formuliert. Probieren Sie die Tagträumereien einfach einmal aus und versuchen Sie doch einmal nach einiger Zeit, selbst eine Fantasiereise zu schreiben. Sie werden sehen, dass es vor allem auf die liebevolle und zärtliche Grundhaltung beim Formulieren und beim Lesen oder Sprechen ankommt, auf Respekt und ehrliche Akzeptanz. Das ist dann schon mehr als genug, um eine gute und auch therapeutische Wirkung zu erzielen. Wenn Sie bereits Erfahrungen mit Fantasiereisen haben, wissen Sie ohnehin um die Wirkung der Stimmung und der Beziehung zwischen dem Vorlesenden und dem Zuhörer. Alle, die noch keine Erfahrung mit solchen Geschichten oder mit Trancezuständen haben, werden die Wirkung sehr schnell intuitiv erfassen und selbst spüren. Am Ende jeder Geschichte steht eine Ausleitung der leichten Trance, die sich währen des Lesens einstellt. Lesen Sie diesen Teil einfach mit vor. Wenn Sie als Therapeut mit tieferen Trancezuständen arbeiten und die Geschichten vielleicht in einer länger dauernde Hypnose einbauen, sollten Sie diesen Teil weglassen und Ihre Ausleitungstechnik anwenden.

Und nun wünsche ich Ihnen viel Spaß mit den Fantasiereisen und angenehme Tagträume!

Entspannung

[Mach' es Dir nun ganz bequem und schließe Deine Augen. Finde die richtige Position, so dass Du denkst, bequemer kannst Du gar nicht sitzen oder liegen. Du möchtest heute etwas entspannen, Dich ausruhen von den Anstrengungen der vergangenen Zeit erholen und neue Kraft auftanken. Dabei helfe ich Dir mit einer kleinen Traumreise, die ich Dir erzähle. Und Du brauchst dabei gar nichts zu tun. Du darfst Dich vollkommen entspannen. Und in aller Ruhe die Traumreise genießen.]

Atme in Ruhe tief ein und aus. Und dann stell' Dir eine schöne Blume vor, … … die schönste, die Du Dir denken kannst … … Vielleicht Deine Lieblingsblume oder eine, die es gar nicht gibt … … Stell' sie Dir einfach so vor, wie Du es am schönsten empfindest … … Und dann konzentrierst Du Dich ganz darauf … … nur auf diese Blume … … Dabei richtest Du den Blick nach Innen … … Ganz in Dich hinein. Und langsam wird es ruhiger in Dir … … und Du kannst Dich entspannen … … Mit jedem Atemzug kannst Du die Entspannung noch tiefer gehen lassen … … Immer beim Ausatmen kannst Du etwas loslassen ... ... Mit jedem Atemzug, immer beim Ausatmen ... ... Zehn Stufen kannst Du nun hinabsteigen, in eine schöne tiefe und ganz angenehme Entspannung ... ... Bei zehn spürst Du Deinen Atem ein- und ausströmen. Und beim Ausatmen lässt Du los ... ... Bei neun kannst Du in Deinen Körper hineinspüren. Vielleicht möchtest Du ja noch etwas mehr entspannen ... ... Bei acht tust Du das dann. Du entspannst einfach noch ein bisschen tiefer ... ... und immer tiefer ... ... so tief, wie Du willst ... ... Bei sieben lässt Du Deine Gedanken weiter ziehen ... ... Du schickst sie mit den Wolken auf die Reise in die Ferne ... ... Und jeder Gedanke, den Du loslässt, bringt Dich tiefer in Entspannung ... ... Bei sechs spürst Du nun schon, dass Du innerlich ruhiger geworden bist ... ... Und wenn Du willst, kannst Du noch tiefer gehen. Mit jedem Atemzug einfach tiefer gehen ... ... Du lässt noch mehr los und gehst immer tiefer .... Bei fünf öffnest Du dein Inneres und stellst die Bereitschaft zur Veränderung her, ... zur Entspannung und Erneuerung Deiner Kräfte ... ... Bei vier machst Du Dir klar, dass Dir die Geräusche der Umgebung zeigen, dass Du nicht alleine bist ... ... und dass Du weiter loslassen kannst, denn nur Du bist jetzt wichtig ... ... Alle Geräusche bringen Dich noch tiefer in Entspannung ... ... Bei drei gehst Du weiter in die Entspannung ... ... Bei zwei spürst Du schon eine innere Ruhe und Gelassenheit … … und bei eins bist Du nun bereit, Dich ganz zu entspannen, ganz auszuruhen ... … Und dann gehst Du noch einmal zehn Stufen hinab ... … Zehn … … neun … … acht … … sieben … … sechs … … fünf … … vier … … drei … … zwei … … eins … …

Und jetzt breitest Du die Arme aus und fängst an zu fliegen ... … Du fliegst nach oben, wie ein Adler, der ganz weit über dem Boden seine Kreise zieht ... … So fliegst auch Du hoch hinauf und schwebst weit über allen Dingen … … weit über dem Alltag mit seinen Herausforderungen, die manchmal so schwierig sind ... … Bis über die Wolken geht Dein Flug, immer höher und höher. Und Du kannst es nun genießen, so weit weg zu sein … … so weit entfernt von allem, was Dich irgendwie belasten könnte, von allem, was an Dir nagt oder was Dir weh tut ... …

Ganz leicht bist Du hier oben, ganz leicht ... … Die warme Sonne leuchtet über Dir und der Himmel ist wunderschön blau und sanft ... … Alle Gedanken, die Dich jetzt vielleicht noch beschäftigen oder stören, kannst Du auf das sanfte Kissen der weißen Wolken unter Dir legen ... … Sie tragen Deine Gedanken mit sich in die Ferne. Und Dir wird dabei ganz leicht und ganz wohl zumute ... … Dann schaust Du den Wolken hinterher. Du siehst sie leise weiterziehen, ganz still und ruhig. Und Deine Gedanken gehen mit ... ... Und jeder Gedanke, der mit den Wolken weiterzieht, lässt Dich tiefer entspannen und lässt Dich freier werden ... ...

Alles liegt weit unter Dir ... ... Alle Sorgen, der ganze Stress der vergangenen Zeit, jede Aufgabe, die Du noch zu erledigen hast ... ... Alle Termine und alle Pflichten sind weit entfernt ... ... auch jedes Anzeichen eines Unwohlseins oder einer Krankheit ... ... Alles ist leicht hier oben, ganz leicht ... ... Und von hier aus kannst Du alles viel klarer sehen, viel distanzierter. In aller Ruhe kannst Du hier alles betrachten ... ... Und Du siehst, dass alles von hier aus viel kleiner wirkt, viel unbedeutender. Alles ist leicht hier oben ... ... Auch Du bist federleicht ... ...

Und dann überlegst Du Dir, was Dich in der letzten Zeit am meisten belastet hat ... ... Was hat Dich gestört? ... ... Was zehrt Deine Kräfte auf? ... ... Was hat Dir wehgetan? ... ... Was hättest Du anders machen wollen? ... ... Und all das kannst Du von hier oben in Ruhe betrachten ... ... Das meiste davon hast Du am Boden zurückgelassen. Und nun siehst Du, wie klein das alles ist, und wie unerreichbar weit Du selbst entfernt bist

... ... Hier erreichen Dich keine Probleme und keine Schwierigkeiten ... ...

Und was Du doch mitgenommen hast als Du los geflogen bist, das packst Du jetzt ein ... ... Du stopfst es alles in ein Paket, das Du verschnürst. Und dann wirfst Du dieses Paket in die Wolken hinein ... ... Du schenkst es Ihnen, damit sie es forttragen können ... ... Und dann siehst Du, wie das Paket Deiner Sorgen tief in die Wolken ein- taucht. Und Du spürst ganz deutlich, wie leicht Du dabei wirst und wie gut das tut. Völlig frei, völlig unbeschwert ... ...

Und dann bemerkst Du, dass das Wetter hier oben immer schön sein muss, denn Du bist ja über den Wolken ... ... Hier kann es nicht regnen, hier gibt es keine Gewitter ... ... Hier ist das Wet- ter immer schön. Und nichts kann Dich hindern oder aufhalten ... ... Alles ist völlig frei und un- beschwert ... ... grenzenlos ... ... Von der war- men Luft getragen, ziehst Du Deine Runden hoch oben, und Du nimmst die Kraft der Sonne in Dir auf ... ... Wärme und Schutz ... ... Und dann spürst Du das Gefühl der Zärtlichkeit in Dir aufsteigen. Ein Gefühl der Zärtlichkeit, dass Du für Dich selbst haben darfst ... ... ganz für Dich alleine ... ... Und gefühlvoll und liebevoll mit Dir selbst schwebst Du in großen Kreisen am

Himmel … … und spürst bei jeder Runde die innere Entspannung und die Zärtlichkeit zu Dir selbst deutlicher … … Und dann zählst Du … … zehn … … neun … … acht … … sieben … … sechs … … fünf … … vier … … drei … … zwei … … eins … … Und alles ist schön … …und alles ist leicht … …

Und dann kommt ein großer, wunderschöner Vogel vorbei. Der Vogel der Freiheit … … Er fliegt neben Dir her und er ist schöner als jeder Vogel, den Du bisher gesehen hast … … Mit ruhigen Flügelschlägen fliegt er neben Dir her … … Und er sagt zu Dir: „Schön, dass Du endlich einmal hier bist. Ich freue mich, dass Du Dir endlich einmal Zeit für Dich nimmst. Komm' und lass' uns noch höher fliegen … … Ganz weit hinauf wollen wir fliegen." … …

Und dann folgst Du dem wunderschönen Vogel der Freiheit ganz hoch hinauf. Du fliegst höher und höher, dem Himmel entgegen … … Und Du spürst seine Kraft und Wärme. Du fühlst seine Zuneigung und Zärtlichkeit, seine unverstellte Liebe … … Ganz tief erfüllt Dich dieses Gefühl, nun am richtigen Platz zu sein … … in Deiner Freiheit … … ganz hoch oben … … ganz frei … … ganz leicht … … ganz unbeschwert.

Und Du träumst davon, wie es wäre, wenn Du immer so leicht und unbeschwert sein könntest ... ... wenn Du immer so frei und so liebevoll zu Dir selbst sein könntest ... ... Du stellst Dir vor, wie es sein könnte, wenn Du immer wieder die Freiheit erlebst, immer wieder hoch über den Wolken fliegst ... ... wie der Vogel der Freiheit ... ... Und diesen Wunsch, dieses Gefühl bringst Du mit zurück ... ...

[Und dann kehrt das Leben kehrt zurück in Deine Beine und in Deinen Bauch, in Deine Hände und in Deinen ganzen Körper. Du atmest tief ein und aus und bewegst Dich. Dabei spürst Du, dass Du wacher wirst. Und gleich wirst Du wieder zurück sein. Hier in diesem Raum. Gut erholt und mit frischer Kraft. Und mit dem Gefühl der Freiheit. Jetzt öffnest Du die Augen und bist wach!]

Hab' Dich selbst lieb!

[Du möchtest Dich heute mit Deinen ei-genen Gefühlen beschäftigen, aber nicht mit den Gefühlen, die Du anderen entge-gen bringen kannst. Heute geht es um die Empfindungen, die Du für Dich selbst hast. Heute geht es einmal darum, dass Du liebevoll zu Dir selbst sein darfst. In unserer heutigen Traumreise begegnest Du Dir selbst. Und dazu machst Du es Dir jetzt zuerst einmal bequem, denn Du sollst es ja gut haben mit Dir. Du sollst Dich selbst ja ertragen können, anneh-men können. So wie Du bist. Denn Du bist gut so, wie Du bist. Schließ' einfach einmal Deine Augen.]

Denk jetzt einmal an Dich selbst ... ... Schau Dich an, wie in einem Spiegel ... ... Stell' Dir einfach einmal vor, Du stehst vor einem Spiegel und betrachtest Dich selbst ... ... Konzentriere Dich ganz auf Dein Spiegelbild ... ... Und ganz gleich, ob Dir der oder die gefällt, die Du da siehst ... ... Du kommst dabei langsam zur Ruhe ... ... und zur Entspannung ... ... Du siehst nichts anderes mehr ... ... nur dies eine Bild von Dir selbst ... ...Sonst ist jetzt nichts wichtig ... ... Es gibt jetzt nichts Wichtigeres als Dich ... ... Nur auf Dich kommt es jetzt an … … und auf Deine Entspannung … …

Atme tief ein und aus … … so als könntest Du durch Deinen ganzen Körper hindurchatmen … … stell' es Dir einfach vor … … dann wird es Wahrheit … … Dann spürst Du vielleicht schon, wie Dein Atem tatsächlich durch Deinen ganzen Körper fließen kann … … Zuerst atmest Du in deine Arme hinein … … und beim Ausatmen entspannen sie sich … … und Du gehst tiefer in die Ruhe … … Dann atmest Du in deinen Kopf hinein … … Du spürst, wie die Atemluft bis hinter die Augen zieht … … und von dort aus geht sie weiter in den Kopf … … Und beim Ausatmen lässt Du alle störenden Gedanken los … … Du atmest sie einfach aus … … Und nun atmest Du in Deinen Oberkörper hinein … … ganz tief … … und beim Ausatmen kommt Dein Oberkörper zur Ruhe und Du gehst in eine schöne Trance … … So machst Du es nun mit einigen Atemzügen … … ein … … und aus … … und ein … … und aus … und jedes Mal lässt Du mehr los … … immer beim Ausatmen … … Dann atmest Du in Deine Beine … … ganz tief in Deine Beine … … und alles entspannt sich in Deinen Beinen … … Alles wird ruhig … … und Du gehst immer tiefer in Entspannung … … so tief wie Du willst … …

in aller Ruhe … … in Deinem Tempo … … immer tiefer … … und tiefer … … und tiefer … …

Und jetzt schaust Du Dich noch einmal im Spiegel an … … Dann siehst Du vielleicht so Manches, das Dir gar nicht gefällt … … vielleicht hast Du sogar Kritik oder ein schlechtes Urteil über Dich selbst … … Vielleicht gibt es da auch tolle Dinge, die Du wahrnimmst … … möglicherweise magst Du Dich ja auch für das eine oder andere … … und vielleicht geht auch einfach vieles durcheinander … … und Du weißt noch gar nicht so genau, ob Du den oder die da im Spiegel gut finden sollst oder ob Du überhaupt eine Meinung zu der Person im Spiegel hast, die Du selber bist … …

Dann schaust Du links neben Dich … … an Deiner linken Seite steht ein Kind … … vielleicht sieben Jahre alt … … oder auch etwas jünger oder älter … … Und Du fragst das Kind an Deiner Seite: „Wer bist Du?" … … Es schaut Dich erstaunt an und sagt: „Ja, weißt Du das denn nicht? … … Kennst Du mich nicht mehr? … … Hast Du mich wirklich vergessen? … … Du sagst: „Ich glaube schon … … denn ich kenne Dich nicht" … …

Das Kind schaut Dich mit großen Augen an und sagt: „Aber ich bin Du! … … Ich bin das Kind in Dir … … Dein inneres Kind" … … Und da fällt es Dir wieder ein … … Du erkennst, dass es genauso aussieht wie Du … … damals als Du noch viel kleiner warst … …

Und weil es so traurig aussieht, nimmst Du das Kind in den Arm … … Du tröstet das kleine Kind … … das Du ja auch selbst bist … … Mit all Deinen guten Eigenschaften … … mit all Deiner Kraft und Deiner Fürsorge, die Du so oft für andere hast, denen es schlecht geht, tröstest Du das kleine Kind … … Du drückst und streichelst es … … Du nimmst es ganz, ganz fest in die Arme … …

Und du weißt, dass Du das für andere Menschen gut kannst … … dass Du andere trösten kannst und ihnen hilfst … … und hier tust Du es mit Dir selbst … … mit dem Teil von Dir, der nun Deine Hilfe braucht … … den Du nun lieben kannst … …

Und Du sagst: „Ich lasse Dich nie mehr alleine. Glaube mir, ich kümmere mich um Dich. Denn wer könnte mir näher stehen als Du? Wer könnte mich mehr gebrauchen als Du, mein Kind?" …

Du nimmst Dein inneres Kind an die Hand und Ihr beginnt zu tanzen und zu singen … … Hand in Hand, wie vergnügte Freundinnen oder Freunde … … Ihr spielt miteinander und werft einen bunten Ball hin und her … … Der Ball ist mit den leuchtenden Farben des Regenbogens bemalt … … und ihr werft ihn euch zu … … Er ist federleicht … … genauso leicht wie ihr selbst … …

In diesem bunten Ball steckt alles, was Ihr gemeinsam habt … … Eure Vergangenheit … … alles, was Ihr beiden erlebt habt … … und unbeschwert und leicht geht Ihr damit um … … spielerisch … … Dabei fühlt Ihr Euch ganz nah verbunden … … Du als Großer oder Große und Du als kleines Kind in Dir drin … …

Dann spürst Du, wie schön es ist, Dich selbst hier zu treffen … … und wie froh Du bist, dass Dich das Kind nun gefunden hat … … Es fällt Dir ganz leicht, es zu trösten, so als wäre es ein anderer Mensch … … Denn das kannst Du ja gut … … für andere da sein … … Und hier kannst Du es auch für dieses kleine und traurige Kind … … Du hast es damit wieder glücklich gemacht … … einfach, indem Du es lieb hast … …

Und doch ist es anders als sonst … … denn das bist Du selbst … … als Kind in Dir drin … … Du bist es selbst, den Du gerade tröstest … … Du bist es selbst, mit dem Du da gerade spielst und den bunten Ball mit den Regenbogenfarben hin und her wirfst … … Du selbst bist es, der nun leicht und sorglos, unbeschwert und frei mit Dir umgeht … … Du selbst bist es, der Dich da gerade lieb hat … …

Und dann gehst Du hinaus unter den Himmel und schaust nach oben … … So klar war die Sicht schon lange nicht mehr und so schön das Wetter … … ein herrlicher Tag für Dich … … Und Du denkst darüber nach, wie es sein könnte, wenn das immer so wäre … … wenn Du an jedem Tag und zu jeder Stunde … … wann immer es Dir in den Sinn kommt … … mit Dir selbst … … mit dem Kind in Dir und mit allem, was Du bist … … froh und glücklich sein könntest … … Du überlegst, ob Dir das noch einmal gelingen wird oder ob Du das Kind bald wieder vergessen wirst … …

Dann fällt Dir ein, dass Du Dich immer so gut um andere kümmern konntest … … Dein ganzes Leben lang … … Selbst, wenn Du mal egoistisch warst oder jemanden vernachlässigt hast … …

Dann hast Du Dir trotzdem Sorgen um ihn gemacht … … hast ein schlechtes Gewissen gehabt … … Und Du überlegst, ob Du Deine Kraft für

Dich selbst aufbringen kannst … … jeden Tag ein bisschen … …

Und Du drehst Dich zu dem Kind hin, dass immer noch an Deiner Seite ist und Dich lachend anschaut … … Du sagst: „Ich will mich immer um Dich kümmern … … Ich will Dich immer lieb haben … … Denn Du bist ich und ich bin Du … … Und wir beide sind immer zusammen … … auch wenn ich Dich so oft nicht gesehen habe … … und fast schon Dein Gesicht vergessen hatte … …

Das Kind, das Du selber bist, schaut Dich lachend an, und es fragt Dich: „Aber wenn ich nun unartig bin … … wenn ich etwas anstelle … … wenn ich etwas tue, das Dir Schwierigkeiten bringt … … hast Du mich dann auch noch lieb?" … …

Und Du als der Große oder die Große antwortest dem Kind: „Aber natürlich, mein Kind … … Dann erst recht … … Denn dann brauchst Du mich ja noch viel mehr … … Und dann versprecht Ihr Euch, dass Ihr Euch immer lieb haben werdet, und dass Ihr Euch niemals vergessen werdet … … Ihr drückt Euch ganz fest und haltet Euch lieb … …

[Und nun kommst Du langsam wieder zurück. Du verabschiedest Dich von den Bildern und Wahrnehmungen Deines Tagtraumes und bringst alle guten Gefühle mit. Du orientierst Dich wieder hier im Raum. Du spürst, dass Du wacher wirst, wacher und wacher. Und Du kommst nun zurück und Du öffnest die Augen!]

Gefühle zulassen

[Manchmal ist es gar nicht so leicht, Gefühle zuzulassen oder sich der eigenen Gefühle sicher zu sein. Es kann auch vorkommen, dass wir unsere Gefühle gar nicht so genau kennen und nicht wirklich sagen können, was wir zu einer Situation oder im Kontakt mit einer Person eigentlich fühlen. Und was wir für uns selbst empfinden, ist meistens noch schwieriger zu spüren oder zu beschreiben. Wir haben gelernt, unsere Gefühle nicht immer unverstellt wahrzunehmen, weil so viele andere Dinge als wichtig gelten oder scheinbar vorrangig sind. Nun geht es aber einmal darum, den Gefühlen einen Raum zu geben. Gefühle zu erlauben und zuzulassen. Du darfst Dir nun einmal erlauben, Deine Gefühle zu sehen und so hinzunehmen, wie sie gerade sind.]

Schließ' jetzt einfach einmal die Augen und finde die bequemste Position. So bequem, dass Du denkst, bequemer geht es jetzt nicht … … Und dann atmest Du ruhig ein und aus … … Dann kommst Du auch schon in einen etwas ruhigeren Zustand … … einfach weiter ein- und ausatmen … … Das ist dann schon genug … … Und mit jedem Atemzug lässt Du etwas los … … so als wenn Du das, was Dich belastet, einfach mit der Atemluft ausatmest … … Dein Blick dreht sich dabei ganz nach innen … … ganz zu Dir selbst hin … … Und Du atmest in Deine Mitte … … ganz in Deine Mitte … … ein und aus … … ein und aus … … ein und aus … … und jedes Mal lässt Du etwas los … … Zuerst lässt Du Deine Gedanken los … … ein und aus … … Dann lässt Du alle Aufgaben los … … ein und aus … … Nun lässt Du alle Termine los … … ein und aus … … Auch alle Pflichten lässt Du los … … ein und aus … … Und dann lässt Du das los, was Dich am meisten beschäftigt … … ein und aus … … und noch einmal … … ein und aus … … Dann spürst Du die Ruhe, die immer tiefer wird … … Und Du bist ganz bei Dir selbst … … ganz in Dir … … und ruhig … … ein und aus … … ein und aus … …

Jetzt stell' Dir einmal vor, Du wärst irgendwo an einem schönen Strand, am Meer … … vielleicht hast Du dazu ein Bild im Kopf … … aus einem Urlaub … … oder aus dem Fernsehen … … Es kann auch ein Fantasiebild sein … … einfach so, wie es Dir jetzt einfällt … … Du legst Dich in den warmen Sand … … Die Sonne scheint … … Und es ist ein wunderschöner Tag … … Gerade so, wie Du es am liebsten hast … …

Unter Deinem Körper kannst Du den Sand spüren … … Er ist warm … … und ein bisschen körnig … … Und der warme, sanfte Wind bläst Dir ein paar Sandkörnchen auf den Körper … … auf die Hände und ins Gesicht … … Du spürst, wie es ein bisschen kitzelt … … Und dann bemerkst Du, dass die Luft hier am Meer etwas salzig schmeckt … … Wenn Du Dich darauf konzentrierst, kannst Du es Dir genau vorstellen …… vielleicht kannst Du es sogar schmecken … …

Gleichzeitig spürst Du die Wärme der Sonne … … die Dir ins Gesicht fällt … … und auf den Körper … … Und alles wird warm … … alles wird warm … … Du siehst das blaue Wasser des Ozeans vor Dir und Wellen am Horizont … …

All das kannst Du genau fühlen … … Es sind angenehme Gefühle, die von außen kommen … … Du kannst sie wahrnehmen … … und in Dir aufnehmen … … Dabei kannst Du anfangen, darüber nachzudenken, wie es mit Deinen inneren Gefühlen aussieht … … ob Du sie genauso einfach spüren kannst … … und ob Du sie genauso selbstverständlich annehmen kannst … …

Du schaust in den Himmel und es kommen ein paar Wolken vorbei … … Sie ziehen leise am Himmel … … weiße Wolken, denen Du in Ruhe zuschauen kannst … … Hier kannst Du in aller

Ruhe und Gelassenheit diese Wolken betrachten … … Mit der Entspannung, die Du nun spürst, ist das ganz leicht … … Die Wolken sind weit weg und gleichzeitig auf besondere Art nah … … Denn jede Wolke bringt Dir eine Erinnerung … … die Du in Ruhe anschauen kannst … …

Die erste Wolke ist eine Wolke der Entspannung … … Sie bringt Dir die Erinnerung an eine Situation, in der Du so richtig ruhig und ausgeruht warst … … Du erinnerst Dich an eine völlig entspannte Situation in Deinem Leben … … als es Dir gut ging und Du einfach das Leben genießen konntest … … mehr als das sonst irgendwann einmal der Fall gewesen ist … … Diese Erinnerung bringt Dir die Wolke mit … … Du denkst an diese Zeit und spürst noch einmal, wie das war … … wie sich das angefühlt hat … … Und das Gefühl der Entspannung … … … … nimmst Du jetzt mit … …

Dann kommt eine Wolke der Sehnsucht … … Du erinnerst Dich an eine Situation in Deinem Leben, in der Du Dich nach etwas gesehnt hast … … Da hat Dir etwas gefehlt … … Du warst auf der Suche … … mit Hoffnung angefüllt … … Vielleicht hast Du ja auf etwas gewartet, das wirklich eingetroffen ist … … Mit der Ruhe, die Du jetzt hast, kannst Du noch einmal spüren, wie die Sehnsucht sich anfühlt … … wie intensiv sie sein kann … … wie deutlich … … manchmal kann Sehnsucht auch schmerzhaft sein … … Du nimmst Dir heute das Schöne der Sehnsucht mit … … das Hoffen … … das Fantasieren … … das Ausmalen der Zukunft … … Denn das ist ja mit Sehnsucht verbunden … … eine schöne Idee von der Zukunft … … Die schöne Idee nimmst Du in Dir auf und spürst jetzt, wie gut es sich anfühlen kann, Sehnsucht zu empfinden … …

Die nächste Wolke ist eine Wolke der Zärtlichkeit … … Auch in deinem Leben gab es zärtliche Momente … … vielleicht gibt es sie auch heute … … Doch diese Wolke bringt Dir eine zärtliche Erinnerung aus der Vergangenheit mit … … vielleicht aus der Kindheit … … oder der Jugend … … vielleicht auch aus Deinem Erwachsenenleben … … Vielleicht gab es ja einmal eine Zeit oder einen besonderen Augenblick, als Du sehr zärtlich und liebevoll mit Dir selbst umgehen konntest … … Du hast Dich selbst verstanden und angenommen … … hast Dir vielleicht etwas verziehen und Dich schuldlos gefühlt … … Da warst Du zärtlich zu Dir selbst … … Und das kannst Du jetzt noch einmal fühlen … … wie gut sich das anfühlt und wie zart … … zärtlich zu dir selbst … … Und dann gab es Momente, in denen ein anderer Mensch zärtlich zu Dir war … …

Dich vielleicht getröstet hat oder gestreichelt … … Auch daran erinnert Dich diese Wolke … … Auch das kannst Du jetzt noch einmal nachempfinden … … Auch dieses Gefühl kannst Du ein Stück mitnehmen … … in Dir aufgehen lassen … … und ein bisschen behalten … …

Dann gibt es noch die Wolke der Wut … … Auch die kennst Du gut … … Vielleicht war es oft eine unterdrückte Wut … … eine, die Du mit Dir selbst ausgemacht hast … … eine, die Du nicht nach außen zeigen konntest oder durftest … … Und vielleicht gab es auch viele Situationen, in denen Du sehr wütend reagiert hast … … weil Du aufgeladen und angespannt warst … … weil Du nicht das haben oder erleben konntest, was gut für Dich gewesen wäre … … was Du gebraucht hättest … … Sicherlich kennst Du das schlechte Gewissen, das Dich so oft hat wütend werden lassen … … vor allem, weil Du Dich schuldig dafür gefühlt hast … … Auch diese Wut gehört zu Dir … … Auch sie wird von den Wolken gebracht, damit Du sie anschauen kannst … … noch einmal nachempfinden kannst … … Und dann kannst Du sie wieder auf die Reise schicken … … Und dabei weißt Du, dass auch die Wut ein Teil von Dir ist … … Und gleichzeitig bist Du unschuldig … … Denn für Gefühle und Empfindungen kann es niemals Schuld geben … …

Und dann kommt die Wolke der Vergebung und des Verzeihens ... ... Sie bringt Dir eine Erinnerung an eine Situation, in der Du jemandem verzeihen konntest ... ... Sicherlich hast Du anderen innerlich oder auch im direkten Kontakt schon oft verziehen ... ... Du hast Dir selbst die Schuld gegeben ... ... warst nachsichtig mit den anderen ... ... Und diese Wolke zeigt Dir vor allem, dass Du auch mit Dir selbst so liebevoll umgehen darfst ... ... Sie zeigt Dir, dass Du Dir selbst vergeben darfst ... ... denn Du bist unschuldig ... ... Genau genommen brauchst Du keine Vergebung, denn Du trägst ja keine Schuld ... ... Da Dein Gewissen Dir jedoch oft Schul einredet ... ... ist es hilfreich, wenn Du Dir nun selbst vergibst ... ... So, wie Du es für andere ja auch tun kannst ... ... genauso machst Du es nun für Dich ... ...

Die Wolken ziehen weiter und Du verabschiedest Dich von diesen Erinnerungen ... ... Und dann spürst Du noch einmal, welche Gefühle in Dir sind ... ... Du bemerkst, dass ganz viele Gefühle in Deinem Inneren sind ... ... Du kannst es spüren ... ... Du kannst es zulassen ... ... Und Du kannst Dich dabei gut fühlen ... ... egal, ob Du nun angenehme oder eher unangenehme Gefühle empfindest ... ... Alles gehört zu Dir ... ... Und alles ist so in Ordnung, wie es da ist ... ...

Du hast ja nur Deine eigenen Gefühle … … Alles andere … … die Ablehnung der eigenen Empfindungen … … das zu spüren, was gerade erwünscht ist … … oder was für andere gut ist … … all das sind die Anforderungen der anderen … … die vielleicht auch nicht immer sich selbst spüren … …

Dann denkst Du darüber nach, wie es denn wäre, wenn Du immer Deine eigenen Gefühle spüren könntest … … wenn Du immer wüsstest, was in Dir vorgeht … … ganz unverstellt … … immer nur Deine Gefühle … … ganz frei … … ganz unbeschwert … … Diesen schönen Wunsch … … diese angenehme Sehnsucht … … bringst Du mit zurück … … hier in diesen Raum … …

[Und langsam kehrst Du zurück, Schritt für Schritt. Du wirst wacher und wacher. Die Atmung bringt frischen Wind in Deine Beine und in Deine Arme, in Deinen ganzen Körper. Du reckst und Du streckst Dich und atmest ganz tief ein. Du bist wach und öffnest die Augen.]

Zukunftsängste überwinden

[Das Ungewisse ist nicht immer leicht zu ertragen. Wenn wir über unsere Zukunft nachdenken, dann wissen wir nie so genau, was uns eigentlich erwartet. Du hast vielleicht einige Vorstellungen, was als nächstes oder in absehbarer Zeit passieren wird, was auf Dich zukommt und welche Aufgaben da zu bewältigen sind. Dann gibt es da auch viele Fragezeichen. Wie kommt es wirklich? Werde ich damit fertig? Was wird, wenn ich nicht so zurechtkomme, wie ich das bräuchte oder wie ich es mir wünsche? Dann kreisen die Gedanken und die Unsicherheit wird größer. Dann fürchtest Du Dich manchmal zu sehr vor der Zukunft, vielleicht ohne wirklich zu verstehen, warum die Angst so groß ist. Damit kannst Du Dich jetzt auseinandersetzen.]

Du machst es Dir bequem und atmest jetzt einige Male tief durch … … Wenn Du willst, kannst Du jetzt die Augen schließen und Dir ein dickes, großes Fragezeichen vorstellen … … Fragen hast Du ja einige … … Und immer suchst Du Antworten … … und wenn Du sie nicht findest, dann kommt die Unsicherheit … … die Angst …

… Konzentriere Dich jetzt einfach ganz stark auf das Fragezeichen … … Vielleicht hat es eine besondere Farbe … … rot … … oder lila … … oder gelb … … oder auch anders … … Und während Du Dich auf das Bild dieses Fragezeichens konzentrierst … … und die ganze Zeit daran denkst … … kannst Du Deine Umgebung vernachlässigen … … Du kannst jetzt Schritt für Schritt abschalten … … Zumindest jetzt und hier kannst Du etwas zur Ruhe kommen … … Spüre noch einmal, ob Du auch angenehm sitzt/liegst … … Und wenn Du denkst, es gehe noch angenehmer … … veränderst Du jetzt einfach Deine Position, bis es sich am besten anfühlt … … in aller Ruhe … … Dein Blick dreht sich dabei immer mehr nach innen … … Du siehst Dir einfach das Fragezeichen an, das sich langsam auflöst … … wie Nebel, der sich einfach so auflöst … … Dabei sinkst Du in einen angenehmen Zustand … … eine spürbare innere Ruhe … … Dann merkst Du vielleicht schon, dass die Ängste jetzt ganz klein sind … … vielleicht auch schon gar nicht mehr da … … Und wenn Du jetzt noch ein bisschen Unruhe spürst oder Sorgen … … dann ist das überhaupt nicht schlimm … … denn von Minute zu Minute wird es gleich ruhiger und stiller in Dir … … Und alles wird leicht … … Und alles wird ruhig … … ganz angenehm … …

Jetzt geh' an einen schönen Platz … … an einen Ort, an dem Du Dich ganz wohl fühlen kannst … … In Deiner Vorstellung gehst Du einfach an einen Ort, an dem Du noch nie Angst empfunden hast … … Irgendwo gibt es einen Ort, der für Dich das Gefühl der Sicherheit am ehesten hat … … vielleicht ein Ort, an dem Du schon lange nicht mehr warst … … Vielleicht ist es auch einer, den es gar nicht gibt … … den es nur in Deinem Inneren gibt … … Auch dann ist es der richtige Ort … … Mal' in Dir einfach so aus, wie Dein sicherster Ort aussehen könnte … … An diesem Ort, an dem Du nun bist, gibt es keine Angst … … und keine Sorgen … … Hier gibt es keine Unsicherheiten … … und kein Grübeln … … Hier geht es Dir gut … … Du findest hier Deine Ruhe … …

Du kannst Dich an Deinem Ort der Ruhe und der Sicherheit hinsetzen oder hinlegen … … wie Du willst … … Und Du findest dort zwei Kugeln, so groß wie Medizinbälle … … Die eine Kugel ist schwarz … … In dieser Kugel sind all Deine Sorgen und Gedanken … … alles, was Dir Angst macht … … Die andere Kugel ist golden … … Das ist die Kugel Deiner Kraft und Stärke … … In ihr ist alles, was Dir von innen heraus helfen kann … … Alles, was Du zur Überwindung Deiner Unsicherheiten benötigst … …

Du nimmst zuerst die schwarze Kugel in die Hand … … Du kannst hineinsehen … … In der Kugel ist alles, was Dir Angst macht … … Du schaust hinein und findest dort alle Situationen, die Dir ein mulmiges Gefühl bereiten … … Du kennst die Situationen und weißt, wann Du sie erlebt hast … … Dann gibt es Entscheidungen, die Du fällen musstest … … Manche hast Du vielleicht vorschnell getroffen und später bereut … … Andere konntest Du kaum treffen, weil Du Dich einfach nicht für einen Weg festlegen konntest … … Auch diese Entscheidungen betrachtest Du jetzt noch einmal … … Und hier, an dem Platz, an dem Du keine Angst empfinden kannst, ist das ganz leicht … … Hier macht Dir das keine Angst … … Hier bleibst Du ruhig und gelassen dabei … …

Und schließlich gibt es da noch Personen in Deiner schwarzen Kugel … … Da sind Menschen, unter denen Du gelitten hast … … deren bloße Anwesenheit Dich manchmal in Angst versetzt hat … … Du siehst noch einmal in dieser Kugel, wie das war, wenn Du sie getroffen hast oder mit ihnen zu tun hattest … … Du kennst sie, und einige spielen sicherlich heute noch in irgendeiner Art und Weise eine Rolle in Deinem Leben … … Andere sind vielleicht in der Kugel, die bereits aus Deinem Leben verschwunden sind … …

Und auch die wirken sich heute noch aus ... ...
Auch die haben mit Deinen Ängsten zu tun ... ...
mit Deinem unsicheren Gefühl, das Du hast,
wenn Du an die Zukunft denkst ... ...

Und dann gibt es noch einen ganz persönlichen
Bereich in Deiner schwarzen Kugel ... ... Dort
sind alle ganz persönlichen Erinnerungen oder
Erlebnisse, die Dir Angst machen ... ... oder die
dazu beigetragen haben und immer noch beitra-
gen, dass Du immer wieder Angstgefühle hast ...
... Viele von diesen Dingen, die in diesem ganz
persönlichen Bereich sind, kennst Du sehr gut ...
... Du hast sie im Gedächtnis ... ...kannst darüber nachdenken ... ... Und dann gibt es da noch
Dinge oder Aspekte, die Du vielleicht schon vergessen hattest ... ... Die Dir aus dem Hintergrund heraus Angst machen ... ... Und Du weißt
dann gar nicht immer, wo sie eigentlich her-
kommt ... ... Jetzt, ganz in Ruhe und mit diesem
Abstand der Entspannung ... ... kannst Du vielleicht das Eine oder Andere erkennen ... ... Etwas, das Du vorher noch gar nicht im Blick hattest ... ... Jetzt kannst Du das alles sehen oder
zulassen, ohne Angst zu empfinden ... ... denn
in der Entspannung gibt es keine Angst ... ...

Dann hältst Du diese schwarze Kugel der Angst
und des Grübelns in den Händen und Du verab-

schiedest Dich von allem, was darin ist … … Du weißt, dass all das ein Teil von Dir ist und dass Du ihn nicht ungeschehen machen kannst … … Das sollst Du auch gar nicht … … Das wäre wieder einmal ein Anspruch, den Du erfüllen solltest … … Hier sollst Du es leicht haben … … und Dich wohl fühlen … … Du verabschiedest Dich daher nicht von den Erinnerungen … … nicht von der Realität des Inhaltes der schwarzen Kugel, sondern von der Verbindung zu Deiner Angst … … Du verabschiedest Dich davon, dass die schwarze Kugel, mit allem, was in ihr ist, Dir Angst macht … … Dich grübeln lässt … … Dir Sorgen macht … … Von dieser alten Funktion der schwarzen Kugel verabschiedest Du Dich nun … … Und Du legst sie weg … …

Du nimmst die goldene Kugel in die Hand und schaust hinein … … Das ist die Kugel Deiner Fähigkeiten und Deiner Fürsorge … … In dieser Kugel findest Du alles, was Du besonders gut kannst und was Du gut gemacht hast in Deinem Leben … … Es gibt Dinge, auf die Du stolz sein kannst, wenn Du genau hinsiehst … … In der goldenen Kugel sind alle Erlebnisse, die in Deinem Leben angstfrei waren … … vielleicht manchmal nur kurze Momente … … vielleicht einige Situationen auch nur in Deiner Fantasie … … vielleicht warst Du in Deiner Fantasie, in Dei-

nen Tagträumen schon ganz oft stark und furchtlos, mutig und völlig frei … … Auch diese Erlebnisse sind in der goldenen Kugel, denn auch
Deine Fantasie und Deine Vorstellungskraft gehören zu Dir … … Du lässt den Inhalt der goldenen Kugel auf Dich wirken und möglicherweise
überrascht es Dich ja, zu sehen, dass sie mindes-
tens genauso voll ist wie die schwarze … … Alles, was in der goldenen Kugel ist, kann Dir helfen, Deine Sorgen zu überwinden … … Deine
Unsicherheiten kleiner zu machen … … Dein
Leben furchtlos und voller Mut zu leben … …
Dieses Gefühl der Kraft ist in dieser Kugel … …
Du kannst ganz hinein gehen und dieses Gefühl
in Dir aufnehmen … …

Auch Deine goldene Kugel hat einen ganz persönlichen Bereich … … Dort findest Du alles,
worauf Du besonders stolz bist … … In diesem
ganz privaten Bereich ist das hinterlegt, was Dir
am meisten Zuversicht und Schutz geben kann
… … Hier ist alles, was Dir hilft, schon bald Deine Unsicherheiten und Gedanken zu überwinden
… … Hier findest Du den Schlüssel zur Freiheit
und Unbeschwertheit … … zu Deinem persönlichen Glücklichsein … … zu Deiner Erleichterung
und Freude … … Dieser Schlüssel wartet auf
Dich … … im ganz persönlichen und damit auch
sehr vertrauten Teil der goldenen Kugel … …

Diesen Schlüssel zur Freiheit und zur Stärke nimmst Du aus der Kugel heraus … … Du nimmst ihn fest in die Hand … … Und dann spürst Du die Kraft, die von ihm ausgeht und die Wärme, die aus Dir selbst kommt … …

Pack' die goldene Kugel ein … … Nimm sie mit und halte sie fest … … So kannst Du die Kraft und den Mut, die beide aus ihr kommen, immer spüren … … die Kraft und den Mut, die aus Dir selbst kommen … … Pack' die goldene Kugel nun ein und bring' sie mit … … in Deine wache Wirklichkeit … …

[Und komm' nun zurück, hier in diesen Raum und spüre die Kraft und das Leben. Dein Körper wird wieder aktiv und Du wirst nun wieder wach. Du bewegst Dich und Du streckst Dich. Du atmest tief ein, Du öffnest die Augen und bist wach!]

Stress abbauen

[Du kommst aus dem Alltag und erlebst immer wieder dieses Gefühl, ausgelaugt zu sein. Es belastet Dich, dass Du so viele Dinge zu erledigen hast, oft so vieles gleichzeitig. Die Zeit scheint dann oft schneller zu sein als Du, und es kommt Dir so vor, als könntest Du nicht Schritt halten mit den Aufgaben und Herausforderungen, die auf Dich warten, mit den Problemen, die Du zu bewältigen hast. Dann suchst Du nach Möglichkeiten, Dich zu entspannen und wieder Kraft zu schöpfen. Gleichzeitig überlegst Du Dir vielleicht, ob es nicht dauerhaft gelingen könnte, mit weniger Stress das Gleiche zu erreichen oder vielleicht sogar mehr. Vielleicht hast Du ja manchmal das Gefühl, einfach weglaufen zu wollen, ganz woanders zu sein und einfach abschalten zu können. Vielleicht schließt Du manchmal die Augen und wünschst Dir, dass alles ganz anders sein wird, wenn Du sie wieder öffnest.]

Dann kannst Du auch jetzt einmal die Augen schließen, wenn Du willst ... ... Und Du kannst es Dir bequem machen ... ... Stell Dir noch einmal vor, wie das ist, wenn Du Dich danach sehnst, Deine Ruhe zu haben ... ... Dann fällt es Dir jetzt vielleicht ein bisschen leichter als sonst, Dich zu entspannen ... ... und Dir hier und heute einmal diese Ruhe zu gönnen ... ... Jetzt atme einmal tief ein ... ... und ganz langsam aus ... ... Und noch einmal ... ... tief ein ... ... und ganz langsam aus ... ... Dann merkst Du vielleicht schon, wie Du innerlich langsam zur Ruhe kommst ... ... wie wohl das tut, einmal ganz tief auszuatmen ... ... Mit jedem langen Ausatmen kannst Du jetzt etwas Druck ablassen ... ... wie eine Dampflokomotive, die nach getaner Arbeit am Abend zur Ruhe kommt ... ... und Druck ablässt ... ... Innerlich bist Du oft so angespannt wie ein Dampfkessel ... ... Und diesen Druck lässt Du jetzt ab ... ... Einfach ausatmen ... ... Das ist dann schon genug ... ... So einfach kann es sein, zunächst einmal Spannung wegzunehmen ... ... und etwas Erleichterung zu spüren ... ... Vielleicht hast Du ja schon bemerkt, dass Du auch entspannter daliegst / dasitzt ... ... Immer tiefer entspannst Du Dich ... ... tiefer und tiefer ... ... angenehm und entspannt ... ... Der Druck lässt nach ... ... Du kommst zur Ruhe ... ... immer mehr ... ... ganz im Inneren ... ... ganz tief ... ... ganz entspannt ... ... wie eine Dampflokomotive ... ... die langsam abkühlt ... ... Alle Räder stehen still ... ... Der Druck lässt nach ... ...

Und nun kannst Du Dir Ruhe gönnen … … einfach Ruhe … … ohne irgendetwas leisten zu müssen … … einfach so … …

Jetzt, in der Ruhe kannst Du das tägliche Treiben betrachten und gleichzeitig gelassen bleiben … … Du kannst Dir vorstellen, wie das ist jeden Tag … … denn Du kennst die Hektik und den Stress ja gut … … Du weißt ja, wie Du innerlich und auch äußerlich oft am rennen bist … … im Zeitdruck … … Dann gibt es noch dies und das zu erledigen … … immer etwas zu tun … … Und alles muss schnell gehen … … Wie ein Uhrwerk funktionierst Du oft … … präzise und in schnellem Tempo … … So wie die kleinen Zahnräder eines Uhrwerks unaufhörlich ineinander greifen und in schnellem Tempo sich drehen … … so arbeitest auch Du … … so erledigst Du Deine Aufgaben … …

Es ist, als ob Du in einer gläsernen Uhr sitzt … … in einem gläsernen Uhrwerk … … Und um Dich herum sind unzählige Zahnräder, die in schnellem Tempo ineinander greifen und immer weiter sich drehen … … unaufhörlich … … immer weiter … … Dieses Uhrwerk kannst Du Dir jetzt vorstellen … … ein Bild vor Deinem inneren Auge entwerfen … … Ein gläsernes Uhrwerk, und Du bist mitten drin … …

Du kannst nach draußen schauen … … sehen, was um Dich herum passiert … … Und dennoch, bekommst Du vieles nicht mit … … Die ständig sich drehenden und arbeitenden Zahnräder machen permanent Geräusche … … Sie rasseln und knacken … … Sie reiben sich aneinander … … Sie erzeugen Lärm in der Getriebenheit … … Deshalb kannst Du das, was außerhalb des gläsernen Uhrwerks sich befindet, auch nur sehen … … hören kannst Du es kaum … … Aber das ist Dir vielleicht noch gar nicht aufgefallen … …

Du denkst darüber nach, wie es wohl wäre, das Uhrwerk einfach anzuhalten … … alles still stehen zu lassen … … und so Ruhe zu erzeugen … … Die Uhr würde nicht mehr weiter laufen … … Die Zeit würde anhalten … … Einerseits eine schöne Vorstellung, denn dann hättest Du ja dauerhaft Deine Ruhe … … Andererseits würde sich nichts mehr bewegen … … alles still stehen … … Das wäre dann auch nicht lange zu ertragen … … Aber Du könntest Deine Umgebung besser wahrnehmen … …

Du überlegst Dir, ob Du vielleicht immer wieder einmal … … für kurze Zeit … … das Uhrwerk anhalten könntest … … um es dann wieder zu starten … … So könntest Du Ruhe finden und alles würde später wieder weiter gehen … …

Auch das wäre eine Möglichkeit … … Du könntest Dein Uhrwerk zeitweise anhalten und eine Auszeit nehmen … … Das hast Du bestimmt schon häufig versucht … … Einfach Pause machen … … oder Urlaub … … abschalten und nichts tun … … Und dann ist es doch wieder nicht so gelungen, dass Du Dich dauerhaft wohl fühlen konntest … … Den richtigen Zeitpunkt zu finden, ist nicht immer leicht … …

Dann fällt Dir ein, dass Du das Uhrwerk vielleicht bremsen könntest … … Du stehst ja mitten in diesem gläsernen Uhrwerk und könntest die Zahnräder vielleicht einfach langsamer laufen lassen … … Alles würde weiter gehen … … alles mit der gleichen Präzision … … nur eben mit mehr Ruhe … … und leiser … … sodass Du Deine Umgebung wieder besser wahrnehmen könntest … … Und Dich selbst sicher auch … …

Und wenn Dieses Uhrwerk einfach langsamer laufen würde … … wäre eine Stunde immer noch eine Stunde … … Das kannst Du an den Zeigern ablesen … … Wenn der Minutenzeiger einmal um das Ziffernblatt gelaufen ist, war das eine Stunde … … nur eben dann eine langsame Stunde … … eine gemütlichere … … Eine Stunde, in der Du mehr Zeit hast als vorher … … obwohl alles langsamer läuft … … Du erledigst das

Gleiche … … nur bist Du innerlich nicht am rennen … … und Du erlebst Deine Umgebung aktiv und spürst sie ganz deutlich … … Und auch Dich selbst kannst Du mehr spüren … … Alles ist viel leiser, wenn das Uhrwerk langsamer läuft … … mit der gleichen Präzision … … mit der gleichen Verlässlichkeit … … einfach langsamer … … Und doch bleibt eine Stunde eine Stunde … … Und Du kannst während einer Stunden das Gleiche erledigen … … vielleicht sogar mehr … … in Ruhe … … in aller Ruhe … …

Dann erkennst Du vielleicht, dass das eine gute Idee sein könnte … … Und Du gehst durch dieses riesige Uhrwerk und suchst nach einem Schalter … … oder einem Hebel, mit dem Du das Uhrwerk verlangsamen kannst … … Dann findest Du eine goldene Stellschraube … … Sie ist verbunden mit den Spannfedern, die das Uhrwerk antreiben … … Man kann sie fester drehen, dann spannt sich alles mehr und alles läuft schneller … … Das ist keine gute Idee … … Man kann sie auch lockern … … Dazu musst Du sie nach links drehen … … Dann löst sich die Spannung der Federn etwas … … Schritt für Schritt … … Und alles wird ruhiger … … Und alles wird langsamer … … Das Uhrwerk kommt zur Ruhe … … Und gleichzeitig läuft es präzise weiter … … nur ruhiger … …

Du drehst jetzt die Stellschraube nach links … … und löst die Spannung … … Du lockerst die Spannfedern … … Alles wird langsamer … … Alles wird ruhiger … … Der Lärm lässt nach … … Die Zahnräder surren ganz leise und angenehm … … ganz ruhig … …

Dann schaust Du nach draußen und kannst Deine Umgebung sehen … … Dein Zuhause … … vielleicht Angehörige … … oder Freunde … … Möglicherweise gibt es da auch Hobbys, die Dich interessieren … … Orte und Situationen … … Alles, was in Deinem Leben eine Rolle spielt, kannst Du von hier aus sehen … … Es ist ja ein gläsernes Uhrwerk, in dem Du stehst … … Und jetzt kannst Du alles in Ruhe betrachten … … Und Du hörst wieder etwas von draußen … … Stimmen, die Dich rufen, die Du vorher gar nicht hören konntest … … Vielleicht kannst Du nun auch Deine innere Stimme besser hören, die Dir sagt: Kümmere Dich um Dich selbst! Das brauchst Du jetzt am meisten, und das hast Du auch verdient!

Dann gehst Du aus dem Uhrwerk raus und siehst Dir Deine Welt an … … Alles ist unverändert hier … … Aber Du hast mehr Zeit, denn alles läuft langsamer … … mit der gleichen Verlässlichkeit … … Und Du hast Zeit gewonnen …

... Zeit für alles, was Dir wichtig ist ... ... vielleicht für Deine Familie ... ... für Deine Freunde ... ... für Hobbys ... ... für ganz neue Interessen und Ideen ... ... aber vor allem ... ... für Dich selbst ... ... Und darauf kommt es an ... ... Du hast nun Zeit für Dich ... ...

Lass' Dein Uhrwerk einfach so schön langsam und gemütlich laufen ... ... Und vielleicht wird es ja irgendwann wieder schneller ... ... aus der Routine heraus ... ... weil Du es so gewöhnt bist ... ... Dann kommst Du einfach zurück und gehst in das gläserne Uhrwerk ... ... zu der goldenen Stellschraube ... ... Du weißt ja nun, wo Du sie findest ... ... Und dann drosselst Du das Tempo ... ... kommst zur Ruhe ... ... ganz langsam ... ... So wie jetzt ... ... So wie jetzt ... ...

[Ganz langsam, in Ruhe und Gelassenheit, in aller Gemütlichkeit kommt nun das Leben zurück in Deinen Körper. Du spürst Deine Beine und Deine Arme und möchtest sie bewegen. Du atmest tief ein und streckst Dich, um wieder wach zu werden. Mit einem tiefen Atemzug öffnest Du die Augen und bist wach!]

Dem Körper Ruhe gönnen

[Du fühlst Dich oft körperlich müde und ausgebrannt. Du spürst, wie der ganze Stress des Alltags und auch Deine speziellen Belastungen sich körperlich auswirken und ein Gefühl der Mattigkeit auslösen, vielleicht sogar manchmal Schmerzen. Dein Körper zeigt Dir dann, dass es zuviel ist, was Du Dir da zumutest. Und selbst dann machst Du oft weiter und forderst immer noch viel von Dir, obwohl Du längst Ruhe bräuchtest. Und heute gönnst Du Dir diese Ruhe einmal. Heute hörst Du einmal auf Dein Körpergefühl, das ja auch als Stimmungsgefühl in Dir zu spüren ist.]

Mach' es Dir also bequem ... ... so bequem, wie es nur geht ... ... Schließe Deine Augen, so kannst Du schneller und tiefer entspannen ... ... und gehe jetzt in diesen Zustand der Ruhe ... ... Und vielleicht fragst Du Dich ja, ob das überhaupt geht ... ... ob Du überhaupt innerlich zur Ruhe kommen kannst, wobei Du es doch gewöhnt bist, immer zu funktionieren ... ... oder immer aufmerksam zu sein ... ... Da ist es gar nicht so einfach, spontan abzuschalten ... ... Vielleicht denkst Du ja darüber nach ... ... oder Du denkst an etwas völlig anderes … … an etwas, das Dich ganz gut entspannen lässt … … weil Du sicherlich weißt, was Dich zur Ruhe kommen lässt … … wenn Du Entspannung auch viel zu selten erlebst … …

Vielleicht hast Du ja schon gemerkt, dass Du entspannter bist als vorher, einfach, indem Du es versuchst … … ganz gleich, wie viel Du darüber nachdenkst oder zweifelst … … Je mehr Du über Deine Entspannung nachdenkst … … desto eher gehst Du tatsächlich schon in einen ruhigeren Zustand … … Möglicherweise stellt sich dieses Gefühl der Entspannung auch erst etwas später ein … … Dann merkst Du aber zumindest … … wenn Du Dich einmal darauf konzentrierst … … dass Dein Körper etwas zur Ruhe gekommen ist … … Du bewegst Dich ja nicht mehr viel … … liegst so ruhig da und versuchst, Dich zu ent-spannen … … abzuschalten und Dir und Deinem Körper Ruhe zu gönnen … …

Und dann spürst Du Deine Atmung … … Wenn Du einmal auf Deinen Atem achtest, kannst Du deutlich spüren, wie die Luft durch die Nase ein- und ausströmt … … immer wieder … … mit jedem Atemzug … … Beim Einatmen hebt sich dann der Brustkorb und es fühlt sich so an, als würdest Du langsam hin und her schaukeln …

… langsam nach unten … … immer tiefer … … So kommst Du ganz zur Ruhe und auch Dein Körper kann die Entspannung besser spüren … … Über die Atmung kann Dein Körper nun Ruhe finden … …

Dazu stellst Du Dir einmal vor, dass Du in Deinen gesamten Körper hinein atmen könntest … … als ob bei jedem Atemzug die frische Luft durch Deinen ganzen Körper fließt … … Und beim Ausatmen entspannt er sich dann noch mehr und wird ruhiger … …

Wir beginnen einmal mit den Armen … … Atme tief ein und spüre, wie die Luft bis in Deine Arme strömt … … ganz tief … … bis in die Fingerspitzen … … Und beim Ausatmen fließt die Luft wieder zurück … … Wenn es jetzt noch Verspannung geben sollte, könntest Du sie spüren, denn die Luft würde nicht ungehindert fließen … … Wenn da also noch etwas ist, kannst Du es mit dem Ausatmen loslassen … … Und Deine Arme werden ruhiger … … So machst Du es mit den nächsten Atemzügen … … Dein Arme entspannen sich dabei immer mehr … …

Nun zum Kopf … … Achte einmal auf Deinen Atem und lenke ihn zum Kopf … … Du kannst spüren, wie der Atem durch die Nase bis hinter die Augen zieht … … Dabei verteilt sich die frische Luft in Deinem ganzen Kopf … … Auch dort kann es Blockaden und Hindernisse geben … … vielleicht Gedanken oder Überlegungen … … Zweifel oder Befürchtungen … … Alles, was dort stört, kannst Du mit dem Ausatmen loslassen und nach draußen führen … … Mit jedem Atemzug entspannt sich Dein Kopf … … immer tiefer und tiefer … …

Mit den nächsten Atemzügen fließt die Luft in Deinen Oberkörper … … zuerst in die Lunge … … und von dort aus weiter in die Muskulatur des Rückens und des Bauches … … in alle inneren Organe … … Auch hier würdest Du merken, wenn es Hindernisse gäbe … … wenn irgendetwas noch verspannt sein sollte, dann spürst Du das und kannst es auflösen … … Und beim Ausatmen lässt Du es los … … Dein Oberkörper kommt zur Ruhe … … Du gönnst es Deinem Oberkörper nun, Ruhe zu erleben … …

Indem Du in aller Ruhe weiter atmest, entspannt sich Dein Körper mehr und mehr … … Alle Teile, die bereits angesprochen wurden, vertiefen die Ruhe und Entspannung … … mit jedem Atemzug … … mit jedem Atemzug … …

Und wenn Du noch etwas vergessen hast oder etwas übersehen hast … … dann kannst Du es jetzt in Deine Beine befördern … … Mit einigen

Atemzügen füllt sich Dein ganzer Oberkörper …
… auch Deine Arme und Dein Kopf mit Sauerstoff … … und beim Ausatmen geht jede Spannung, die vielleicht hier und da noch geblieben ist, in Deine Beine … … Und dort stellst Du jetzt vollkommene Ruhe ein … … Du holst tief Luft und sie strömt ganz tief in Deine Beine hinein … … Du atmest aus und alles, was irgendwie stört oder zwickt … … alles, was jetzt noch angespannt ist oder verkrampft, fließt dabei über die Fußsohlen nach außen … … Bei jedem Ausatmen lässt Du Verspannungen los und schickst sie über die Fußsohlen und die Spitzen Deiner Zehen nach draußen … … Und Du wirst dabei ruhiger … … und Dein Körper kommt zur Ruhe und entspannt vollkommen … … immer mehr … … und immer mehr … …

Nun kannst Du die Entspannung genießen … … Du spürst, wie entspannt sich Dein Körper anfühlt … … vielleicht so entspannt, wie es schon lange nicht mehr der Fall war … … Und vielleicht fragst Du Dich ja, ob Du Deinem Körper noch mehr Ruhe gönnen kannst … … ob es möglich ist, gerade jetzt noch tiefer zu entspannen und Deinem Körper Ruhe zu gönnen … … Dann atmest Du einfach weiter … … Jeder Atemzug hilft Dir … … Jeder Atemzug streichelt sanft Deinen Körper … …

Nun spürst Du sicher auch, wie gut das tut, wenn Du Deinem Körper diesen ruhigen Zustand verschaffst … … wie erholsam das ist … … Du spürst es immer deutlicher und siehst gleichzeitig, wie einfach es ist … …

Dann denkst Du darüber nach, wie es wäre, wenn Du das ganz oft tun würdest … … wenn Du immer wieder Deinem Körper diese Ruhe schenken würdest … … Du merkst Dir, wie leicht es heute war, in diese Entspannung zu kommen … … Und Du weißt auch, dass alle Verspannungen sich auflösen, wenn Du in Ruhe atmest … … Schritt für Schritt lösen sie sich auf … … Es fühlt sich gut an und Du spürst sogar, wo in Deinem Körper noch leichte Verspannungen bleiben, die etwas mehr Zeit benötigen … … Auch die lösen sich dann … … Einfach einatmen und ausatmen … … Das ist dann schon genug … …

[Nun kommst Du langsam zurück. Und Du weißt, dass die Ruhe, die Du Deinem Körper gönnst, anhalten wird. Das Leben kommt in Deinen Körper zurück und Du spürst das Bedürfnis, Dich zu bewegen. Dein Körper fühlt sich vollkommen wohl und Du wirst wieder wach!]

Vergangenes loslassen

[Du spürst immer wieder, dass die Vergangenheit Dich beschäftigt. Ereignisse und Erinnerungen kommen dann hoch und sind plötzlich wieder ganz nah. So als wärst Du wieder dort. In einer vergangenen Zeit, die Du vielleicht schon für abgeschlossen gehalten hast. Doch dann siehst Du Reste, die noch an Dir nagen oder die Dich noch mehr beschäftigen als Du es möchtest. Du versuchst immer wieder loszulassen und das Vergangene zu verabschieden. Manchmal gelingt es Dir für eine zeitlang. Doch dann kommen wieder diese Schatten der Vergangenheit. Heute kannst Du sie noch einmal loslassen und Dich verabschieden.]

Dazu entspannst Du zunächst, indem Du die Augen schließt und in Ruhe atmest … … Ein Teil von Dir schaut jetzt bereits in die Zukunft … …ein anderer hält noch an der Vergangenheit fest … … Dieser Teil, der das Vergangene bisher noch nicht loslassen konnte, der geht nun in eine ganz tiefe Entspannung … … Und dieser Teil von Dir geht jetzt langsam in die Zeit zurück, die Dir solche Sorgen macht oder die Deine Gedanken beschäftigt … … in die Zeit, die Dich nicht loslassen kann und die Du auch nicht loslassen kannst … … Vielleicht gibt es mehrere Ereignisse und verschiedene Zeiten aus Deiner Vergangenheit, die Dich beschäftigen … … Es gibt vielleicht vieles, was Du noch nicht loslassen konntest … … Doch heute geht es um ein besonderes Ereignis … … um eine besondere Zeit … … die Dir am meisten zu schaffen macht … … Du wirst sie ganz von selbst finden … … Und Schritt für Schritt wirst Du Dich dabei entspannen … … und alles klarer sehen … … besser beurteilen können, wie das war … … damals … … zu der Zeit, um die es für Dich heute geht … …

Stell Dir ganz viele große Kristallkugeln vor … … so groß, dass Du sogar hineingehen kannst … … wie in einen großen Raum eines Hauses … … Und alle diese Kugeln sind nebeneinander aufgereiht … … Jede Kugel steht für ein Jahr Deines Lebens … … Und Du kannst alle Kugeln besuchen … … oder so viele, wie Du willst … … Und es kommt ja heute auf eine bestimmte Kugel an … … vielleicht weißt Du ja schon, welche es ist … … Oder Du weißt noch gar nicht so genau, was Du nicht loslassen kannst … … Vielleicht hast Du ja so ein Gefühl, dass es unerledigte Dinge gibt … … ohne zu wissen, welche das genau sind … … oder wo Du sie finden kannst …

… Oder Du weißt genau, in welcher Zeit es noch etwas zu tun gibt … … Und dennoch bist Du nicht sicher, ob dieses Festhalten nicht doch aus einer anderen Zeit stammt … … die vielleicht noch viel weiter zurück liegt … …

Du stehst vor diesen Kugeln, die nebeneinander aufgereiht sind … … ganz am rechten Ende dieser Kugelreihe stehst Du … … Und dann gehst Du in die äußerst rechte Kugel hinein … … die Kugel der Gegenwart … … In dieser Kugel gibt es einen Spiegel … … Du schaust hinein und Du siehst Dich selbst … … Und rechts und links neben dem Spiegel stehen die Menschen und die Situationen, die in Deinem heutigen Leben eine Rolle spielen … … Du begegnest ihnen jeden Tag oder sie sind in erreichbarer Nähe … … Du kannst mit ihnen jeden Tag klären, was es noch zu besprechen gibt … … Doch heute gehst Du weiter, denn Du suchst die Ereignisse aus der Vergangenheit, die Du noch nicht loslassen konntest … …

So gehst Du in die nächste Kugel und stellst Dich wieder vor den Spiegel und schaust Dich an … … Und Du gehst weiter in die nächste Kugel … … und von Kugel zu Kugel … … Dabei wirst Du langsam jünger … … denn jede Kugel steht ja für ein Jahr Deines Lebens … … Du kannst in jeder

Kugel kurz stehen bleiben und Dich selbst anschauen … … im Spiegel … … Und Du siehst, wie Du dabei jünger wirst … …

Und je nachdem, wie weit Du zurück gehst … … kannst Du auch sehen, wie Du kleiner wirst … … Wenn Deine Reise bis in die Kindheit geht, wird Dein Spiegelbild auch kleiner werden … …

Ganz von selbst fühlst Du, wenn Du in der richtigen Zeit angekommen bist … … in der Zeit, in der Du noch etwas loslassen willst … … etwas, das Dich immer noch beschäftigt … … oder stört … … oder etwas, das Dich immer noch leiden lässt … … Schau' Dich an … … Und mach' Dir zunächst einmal ein Bild von der Zeit, in der Du angekommen bist … … Wie alt bist Du? … … Wie geht es Dir? … … Welche Situation oder welches Ereignis hat Dich hierher geführt? … … Welches Gefühl ist es, das Dich mit dieser Zeit verbindet? … …

Du siehst Dich selbst im Spiegel … … und rechts und links von diesem Spiegel siehst Du die Situationen und die Personen, die zu dieser Zeit gehören … … Einige Personen sind vielleicht heute noch in Deiner Nähe oder eng mit Dir verbunden … … Andere spielen vielleicht keine große Rolle mehr in Deinem Leben … … Wieder andere leben vielleicht gar nicht mehr … … Auch diese

Personen, die Du hier triffst ... ... in der Kugel dieses speziellen Jahres und dieser besonderen Zeit, sind jünger als heute ... ...

Sie haben mit Dir zusammen diese Zeitreise gemacht und stehen nun so da, wie damals ... ... zu dieser Zeit, an die Du jetzt denkst ... ... in der Du nun stehst ... ... in dieser Kristallkugel ... ...

Dann überlegst Du noch einmal, wie das war ... ... was Du erlebt hast und was Du gefühlt hast ... ... Du siehst noch einmal, wie die anderen, die jetzt da sind, sich verhalten haben ... ... unter wem Du vielleicht gelitten hast ... ... wer Dir beigestanden hat ... ... Und Du erinnerst Dich, was es mit Dir gemacht hat ... ... wie Du Dich damals gefühlt hattest ... ...

Und allmählich kommt ein Gefühl dafür auf, was Dich an dieser Zeit haften lässt ... ... Du erinnerst Dich an das Unerledigte ... ... oder auch an das, was Du gar nicht erledigen konntest ... ... Weil Du vielleicht noch zu klein warst ... ... oder zu schwach, um Dir selbst zu helfen ... ... oder anderen ... ...

Und auch Dir konnte nicht geholfen werden ... ... jedenfalls nicht so, wie Du es gebraucht hättest ... ... Der Trost, den Du gebraucht hättest und den Du gesucht hast, der konnte Dir nicht gegeben werden … … Und wenn doch jemand da war, der ihn Dir hätte geben können … … jemand, der auf Dich hätte aufpassen können oder Dich trösten … … dann hat diese Person es nicht besser gekonnt als so, wie sie es getan hat … … auch wenn Dir das vielleicht sehr weh getan hat … …

Wenn es diese Person gibt, kannst Du jetzt mit ihr sprechen … … Du kannst ihr sagen, dass Du gelitten hast und dass Du mehr gebraucht hättest … … Und vielleicht kann Dir diese Person jetzt den Trost geben, den Du damals nicht bekommen hast … … einfach in Deiner Vorstellung … …

Vielleicht sind auch Deine Peiniger dort … … die, unter denen Du gelitten hast … … Dann kannst Du nun auch mit ihnen Frieden machen … … Du übergibst sie mit all ihren Fehlern und Mängeln … … mit all ihren schlechten Taten dieser Vergangenheit … … Du kannst ihnen noch etwas sagen, wenn Du willst … … Und dabei weißt Du, dass auch sie an der Vergangenheit haften … … vielleicht auch zu dieser Zeit, als Du unter ihnen gelitten hast, nicht anders konnten … … was auch immer sie damals getan haben … …

Du machst Dir noch einmal klar, dass Du heute hier bist, um Frieden zu machen … … Frieden mit Deiner Vergangenheit … … um loszulassen … … Du siehst, dass Du das, was Du damals nicht bekommen konntest, nicht im nachhinein abholen kannst … … dass Du aber dennoch Linderung spüren kannst … … Denn nun siehst Du, dass es damals nicht anders möglich war … … wenn es auch schlimme Dinge waren, die Dir zugestoßen sind … … oder angetan wurden … … Wenn auch das, was geschehen ist, vielleicht nicht entschuldbar ist …. … so ist es doch gleichzeitig so, dass es damals nicht anders gelungen ist … …wer auch immer zu jener Zeit Fehler gemacht hat … … Vielleicht haben diese Menschen daraus gelernt … … um es nicht wieder so zu machen … …

Du aber nimmst nun Abschied von dieser Zeit … … von den Situationen und Erlebnissen … … von der Personen … … ob sie nun Peiniger waren oder auch Deine Helfer … … Alle bleiben in jener Zeit … … Du hast aus dieser Zeit gelernt und hast viel Gutes daraus gemacht … … wenn Du das auch nicht immer so empfindest … … Dein Leiden ist damals entstanden … … und Dein Festhalten, das Dich so stört und belastet … … Doch auch viele von Deinen guten Eigenschaften hast Du damals entwickelt … … vielleicht die

Fähigkeit, für andere zu sorgen … … anderen zuzuhören … … sie zu trösten … … selbst ein Helfer zu sein … … oder was sonst noch zu deinen guten Eigenschaften gehört … … Gerne hättest Du diese auf sanfte Art entwickelt … … ohne eigenes Leid … … Doch Deine Geschichte war anders … …

Du verabschiedest Dich nun, denn Du weißt, dass Du alle guten Eigenschaften behalten kannst … … auch oder gerade, indem Du die Vergangenheit nun loslässt … … Die Gefühle, die zu jener Zeit gehören, lässt Du dort in der Kugel … … denn dort gehören sie hin … … Es genügt, wenn Du sie als Erinnerung mitbringst … …

Du gehst zurück durch die Kugeln und wirst dabei größer und älter … … Du kommst von Kugel zu Kugel wieder zurück in deine Gegenwart … … Du stehst wieder in der Kugel der heutigen Zeit und kommst zurück … …

[Du spürst wieder Leben und Wachheit in deinem Körper. Du spürst den Drang, Dich zu bewegen und wieder ganz wach zu werden. Du atmest tief ein und wirst dabei wach. Du öffnest die Augen und bist wieder hier, in deiner Gegenwart.]

Selbstvertrauen stärken

[Du fühlst Dich oft schwach und glaubst, Deine Aufgaben nicht angemessen bewältigen zu können. Du zweifelst dann an Dir und Deinen Fähigkeiten und stellst Dich immer wieder infrage. Vielleicht gibt es Dinge, die Du erst gar nicht anpackst, obwohl Du es gerne tun würdest. Es ist Dir dann lieber, erst gar nicht zu beginnen als schnell zu scheitern, weil Du damit sowieso rechnest. Dann wünschst Du Dir, einmal ganz stark zu sein und voller Selbstvertrauen. So wie Du es bei anderen beobachtest, nur eben nicht bei Dir selbst.]

Du schließt die Augen und gehst in diesen Wunsch der Veränderung hinein … … Du konzentrierst Dich auf Dich selbst und auf Deinen Wunsch … … auf das Selbstvertrauen, dass Du gerne hättest … … Und dann ist es so, als wenn Du in einen Traum springen würdest … … wie beim Einschlafen, wenn plötzlich Traumbilder beginnen … … So träumst Du Dich selbst nun in eine Zeit … … oder in einen Zustand … … der erfüllt ist von dem Bild, dass Du Dir ersehnst … … Du gehst ganz in diese Vorstellung der Kraft und des Selbstbewusstseins … …

Ganz von selbst dreht sich Dein Blick nach innen und Du kommst zur Ruhe … … Du atmest in Deine Mitte hinein … … ganz tief … … immer wieder … … Und dabei versinkst Du ganz in diesem Traum der Zukunft … … in diesem Traum des Selbstvertrauens … … Und dabei entspannt sich Dein Körper und Deine Seele … … Du kommst zur Ruhe und kannst diesen Tagtraum schon jetzt genießen … … selbst, wenn Du ihn jetzt vielleicht noch für unmöglich hältst … … Du spürst schon, dass der Gedanke Deines Tagtraumes eine angenehme Wirkung hat … … Alleine die Vorstellung an das starke und anhaltende Selbstvertrauen erzeugt schon zum Teil dieses Gefühl, dass damit dann auch verbunden ist … … Du kommst zur Ruhe, gehst eine innere Treppe der Entspannung hinab … … über zehn tiefe Stufen der Entspannung … … Bei jeder Stufe stellst Du Dir vor, wie es wäre, voller Selbstvertrauen zu sein … … so, wie Du es Dir wünschst … … zehn … … neun … … acht … … sieben … … sechs … … fünf … … vier … … drei … … zwei … … eins … …

Und nun erinnerst Du Dich an eine Zeit, in der Dir etwas gut gelungen ist … … Auch, wenn Du vielleicht glaubst, dass Dir nur sehr wenig gelingt oder alles irgendwie mittelmäßig bleibt … … So gab es doch auch einmal etwas, dass Du gut gemacht hast und das Dir so richtig gelungen ist … … Vielleicht in gar nicht allzu ferner Vergangenheit … … Oder Du findest etwas aus Deiner Kindheit … … etwas, worauf Du damals stolz warst … … Selbst, wenn Dir gar nichts einfällt, gab es da etwas … … Dein Unterbewusstsein findet es und geht ganz in dieses Gefühl … … Und dann spürst auch Du dieses Gefühl des Stolzes und der Zufriedenheit in Dir aufsteigen … … vielleicht sogar ein Gefühl der Überlegenheit … …

Du erinnerst Dich an die Kraft und den Mut, an die Stärke, die damit verbunden war, als Du einmal etwas geschafft hattest, worauf Du so richtig stolz warst … … Und diese Gefühle der Macht und des Gelingens … … der eigenen Fähigkeiten und der eigenen Kraft erfüllt Dich ganz … … Und Du spürst nun, dass diese Kraft noch in Dir ist … … dass Du sie heute noch immer nutzen kannst … …

Dann gehst Du in die Erinnerung an ein Ereignis oder eine Zeit, als Du etwas loslassen konntest … …Vielleicht musstest oder wolltest Du Dich irgendwann einmal von etwas trennen oder verabschieden … … Möglicherweise hast Du einmal etwas weggeworfen, woran Du lange festgehalten hattest … … Du konntest Dich nicht trennen, es nicht hergeben … … Und dann ist es doch gelungen … … Du hast losgelassen … … Und dann spürst Du, dass es möglich sein kann, dass Du diese Unsicherheit loslässt … … diesen Glauben an Deine Schwäche … … Du überlegst Dir, wie es wäre, wenn Du diesen Glauben an das Scheitern einfach loslassen würdest … … deine Stärke und Kraft kannst Du dabei ja behalten … … Die hast Du fest verankert … …

Wenn Du willst, kannst Du jetzt einmal Deine Hände ganz öffnen und über Deine Handflächen dieses Gefühl des Versagens loslassen … … diese Angst, dass es immer so bleibt … … Du lässt diese Angst einfach über Deine Handflächen abfließen … … Du lässt sie los … … wie damals, als Du etwas loslassen konntest, obwohl Du lange festgehalten hattest … … Du lässt einfach los und die Angst fließt nun über Deine Handflächen ab … …

Dann spürst Du auch langsam die Erneuerung … … Da, wo die Angst war, die nun ganz abfließt … … macht sich Stärke breit und Erfolg … … und dieses stolze Gefühl … … Dieses Selbstvertrauen macht sich nun breit und erfüllt Dich ganz … … Es füllt jeden Winkel Deines Körpers aus und geht bis tief in Deine Seele … … Du spürst, wie die Kraft zunimmt … …

Und dann überlegst Du Dir, was Du alles erreichen kannst mit Deiner eigenen Kraft ... ... Welche Ziele hast Du? ... ... Welche Träume möchtest Du Dir erfüllen? ... ... Woran möchtest Du
glauben? ... ... Du stellst Dir vor, wie es sein
wird, wenn dieses Selbstvertrauen immer stärker
wird ... ... wenn Du es nach außen trägst und
ganz davon erfüllt bist ... ... Du betrachtest Dich
selbst und stellst Dir vor, wie Du dann aussiehst
... ... Deine Erscheinung verändert sich ... ... Du
strahlst diesen Mut und diese Zuversicht aus ...
... Du wirst beachtet und mit Respekt betrachtet
... ... Und diesen Respekt, den spürst Du nun
auch in Dir für Dich selbst ... ...

Es fällt Dir schon jetzt etwas leichter, Dich selbst
so zu respektieren, wie Du bist ... ... mit dieser
neuen Stärke und auch mit der alten Beklem-
mung ... ... Auch das gelingt Dir nun ... ... dich
selbst anzunehmen ... ... Und dieses Annehmen
Deiner eigenen Person stärkt Dein Selbstvertrau-
en und Deinen Stolz noch mehr ... ... So machst
Du selbst Dein Selbstvertrauen noch stärker und
mächtiger ... ...

Ganz erfüllt von dieser eigenen Macht und Stärke, spürst Du das Bedürfnis in deinen Händen,
zuzupacken ... ... etwas sprichwörtlich in die
eigenen Hände zu nehmen ... ... Du verspürst

den Wunsch, etwas Neues zu beginnen … … vielleicht etwas, das Du schon seit langem vorhast … … wozu Dir bisher der Mut oder das Vertrauen gefehlt hatte … … Und nun, mit Deinem neuen Mut und mit Deiner Stärke, kannst Du es angreifen … … Du kannst zupacken … … völlig sorglos und mutig … … zuversichtlich und mit dem sicheren Gefühl, immer stolz auf Dich selbst sein zu können … … egal, ob Du große oder nur kleine Erfolge hast … … Und auch dann, wenn einmal etwas schief geht … …

Dann spürst Du, dass dieses Selbstvertrauen tatsächlich aus Dir heraus kommt … … ganz von innen … … und dass dieser Tagtraum längst Wirklichkeit geworden ist … …

[Du spürst den Drang, Dich zu bewegen. Vor allem in deinen Händen spürst Du die Kraft, die Dich auffordert, die Dinge anzugehen. Du wirst wacher und wacher und voller Kraft und Selbstvertrauen öffnest Du die Augen.]

Blockaden lösen

[Du fühlst Dich belastet und merkst, dass es Dir nicht immer gelingt, die Anstrengungen des Alltages wieder loszulassen. Auch dann nicht, wenn diese schon vorüber sind und überhaupt keine Kraft mehr erfordern. Dann bleibt oft ein Rest davon an Dir haften, oft ohne dass Du es sofort bemerkst, denn sonst könntest Du ja etwas dagegen tun. Und manchmal versuchst Du sicherlich auch, etwas für Deine Entlastung zu tun. Du gönnst Dir vielleicht etwas oder ruhst Dich einfach aus. Und heute kannst Du einmal das loslassen, was noch dageblieben ist. Die Blockaden und Belastungen lösen, die sich schon viel zu lange oder zu hartnäckig festgesetzt haben.]

Du machst es Dir also bequem … … Du setzt Dich hin oder legst Dich hin … … So, dass es möglichst bequem ist … … Und dann atmest Du in Deine Mitte … … Und falls Du Dich fragst, wie das geht … … wie Du in deine Mitte atmen kannst … … dann ist das auch Ausdruck Deines Strebens und Deines ständigen Erfüllens, dass Du auch jetzt versuchst, es besonders perfekt zu machen … … eben tatsächlich in Deine Mitte hinein zu atmen … … wo auch immer diese Mitte eigentlich sein soll … … Es genügt schon, dass Du es so willst … … Du kannst Dir selbst vornehmen, in deine Mitte zu atmen … … ohne Druck, das auch wirklich gut oder richtig zu machen … … Denn falsch machen kannst Du es gar nicht … … Ganz von selbst, geht Dein Blick nun nach innen … … Sonst schaust Du nach außen … … entweder gezielt, wenn Du etwas erledigst … … manchmal vielleicht auch wahllos hin und her … … dann, wenn Du nichts zu tun hast … … oder einmal nichts erfüllen musst … … Jetzt ist es anders … … bei geschlossenen Augen und dem Versuch, in Deine Mitte hinein zu atmen, richtet sich der Blick nach innen … … nicht nur der Blick Deiner Augen, sondern der Blick Deiner Gedanken … … Nun geht es nur um Dich und Deine Entspannung … …

Wenn Du Dich jetzt noch fragen solltest, wie Du in Deine Mitte atmen sollst oder wo genau Du da hinatmen sollst … … dann lass' Dir sagen, dass Du das bereits tust … … auch ohne es zu merken … … denn anders ist es gar nicht möglich … … Die Mitte ist dort, wo alles ruhig ist … … dort, wo Deine tiefen Gefühle liegen und auf Dich warten … … Und mit jedem Augenblick entspannst Du mehr und mehr und Du sinkst dabei tiefer und tiefer in Entspannung und kommst zur

Ruhe ... ... ganz von selbst ... ... Du atmest ein und aus ... ... Das ist dann schon genug ... ...

Und während Du darüber nachdenkst, welche Belastungen Du eigentlich mit Dir herumträgst ... ... was da eigentlich alles an Dir haftet ... ... entspannt sich Dein Körper immer mehr ... ... Und Du kommst immer mehr zur Ruhe ... ... Dann überlegst Du, was Dich tatsächlich belastet ... ... Denn viele Belastungen kennst Du gut ... ... Du hast Erinnerungen und Stimmungen in Dir drin ... ... Du weißt auch, wie sich Deine Belastungen auswirken ... ... An welcher Stelle oder an welchen Stellen Deines Körpers sie sich zeigen ... ... Jeder Mensch hat typische Punkte, die dann zwicken oder drücken ... ... Körperregionen, die schnell weh tun, wenn die Belastungen zuviel werden ... ...

Du kennst diese Schwachstellen Deines Körpers ... ... die soviel Gutes für Dich tun ... ... Denn auch, wenn sie Dich ärgern oder Dich leiden lassen ... ... Sie zeigen Dir auch, wann es Zeit ist, Ruhe zu suchen ... ... Sie zeigen Dir mit den Schmerzen oder dem Unwohlsein, dass Du Dich um Dich kümmern solltest ... ... Zumindest dafür gilt diesen Körperstellen ein Dank ... ... Und es macht sie von Schwachstellen zu Stellen der Gesundheit ... ... Denn nur durch Ihre Mittei-

lungen kannst Du Deine Gesundheit erhalten …
.. indem Du auf sie hörst und langsamer machst
… … indem Du für Entlastung und Ruhe sorgst
… …

Vielleicht ist es dein Rücken, der Dir da hilft …
… vielleicht auch die Schultern oder der Nacken
… … Möglicherweise hilft Dir Dein Kopf mit
Druckgefühl oder Schmerzen … … Oder es hilft
Dir Dein Magen … … Dein Bauch … … Oder es
ist eine andere Stelle Deines Körpers, die Dir
hilft, zu erkennen, wann es zuviel geworden ist
… … wann Du Ruhe brauchst … … um gesund
zu bleiben und Dich nicht weiter auszulaugen …
…

Doch es gibt auch Belastungen, die sich so deutlich gar nicht zeigen … … und vielleicht auch
Körperteile, die nicht so deutlich reagieren … …
dennoch angespannt oder zuviel belastet sind …
… Auch um diese Belastungen und auch um
diese Körperstellen wollen wir uns heute kümmern … … Dein tiefes Inneres kennt alle Deine
Belastungen … … und alle Auswirkungen auf
Deinen Körper und auf Deine Gefühle, Deine
Stimmung … … Dein tiefes Inneres ist das Unbewusste … … Es ist Deine Mitte … … Sie kennt
alle Deine Belastungen, auch diejenigen, die Dir
gar nicht bewusst werden … … über die Du noch

gar nicht nachgedacht hast … … Die Du vielleicht auch nicht für möglich hältst … … Und Deine Mitte hilft Dir, diese nun aufzufinden und loszulassen … …

Dazu kannst Du Deine Hände einmal locker neben Deinen Körper legen oder sie einfach hängen lassen, leicht geöffnet, so wie die Finger von selbst fallen … … Und da deine Hände die Arbeiter des Körpers sind, können sie nun eine wichtige Arbeit für Dich erledigen … … Deine Hände können alle Belastungen Deines Körpers und Deiner Seele loslassen … …

Alle Belastungen lösen sich nun und strömen in Deine Hände … … Es kann sein, dass sie dabei etwas schwer werden … … oder anfangen zu kribbeln … … Und gleich werden Deine Hände beginnen, sich langsam zu drehen … … Sie drehen sich langsam nach innen und dabei lässt Du alle Blockaden Deines Körpers und Deiner Seele über die Handflächen los … … Wie von selbst beginnen sich nun Deine Hände zu drehen … … Vielleicht spürst Du schon, dass sie sich bewegen oder zucken … … Sie drehen sich nach innen … … Deine Hände drehen sich nun nach innen … … mehr und mehr … … weiter und weiter … … Und Du lässt dabei alle Blockaden und Belastungen los … … Dein Inneres … … Deine Mitte …

… löst alle Verspannungen und alle Belastungen nun ab und schickt sie zu den Händen … … Deine Hände drehen sich und lassen alles los … … Das Gefühl der Befreiung und der Ruhe stellt sich dabei ein … …

Es kann etwas dauern, bis Deine Hände sich ganz gedreht haben … … oder es geht ganz schnell und sie haben sich bereits ganz herumgedreht … … Auch dann werden noch weitere Belastungen gelöst und über die Handflächen losgelassen … … Vielleicht spürst Du dabei ein leichtes Kribbeln oder ein Kitzeln … …

Du spürst die Erneuerung … … die Erleichterung … … Alle Lasten fallen von Dir ab … … Und alles wird leicht … … und ruhig … … ganz in deiner Mitte entsteht Ruhe … … Freiheit … … Und Du spürst neue Kraft … … Du fühlst Dich frei und erneuert … …

[Mit diesem Gefühl der Entspannung und Erneuerung kommst Du nun zurück. Du orientierst Dich wieder hier im Raum und Du kannst Deine Hände wieder bewegen. Sie fühlen sich gut an. Du wirst wieder wach. Du wirst nun wieder wach und öffnest die Augen.]

Kraft tanken

[Du hast eine anstrengende zeit hinter Dir. Vielleicht auch, ohne es selbst zu bemerken. Denn eigentlich haben wir immer Belastungen zu tragen und die tägliche Arbeit und das Leben erfordern Kraft. Das gilt auch dann, wenn alles routiniert oder reibungslos läuft. Selbst dann benötigen wir Kraft, um alles zu erledigen oder am Laufen zu halten. Deshalb ist es notwendig, einerseits mit unseren Kräften hauszuhalten, andererseits immer wieder Kraft neu zu entwickeln. Frische Kraft zu tanken. Wir benötigen sie wie ein Fahrzeug seinen Treibstoff. Du möchtest heute Kraft auftanken, um neue und frische Energie zu gewinnen.]

Dann schließe einfach deine Augen und such' Dir eine bequeme Position … … so bequem, dass Du jetzt auf keinen Fall Kraft verbrauchst … … dass Du Dich nicht anstrengen musst … … Denn zumindest das Auftanken neuer Kraft und frischer Energie sollte ohne Anstrengung verlaufen … … gemütlich und wie von selbst … … Du lässt also alle Bemühungen los … … Du spürst, dass Deine Hände offen sind und nun nicht zupacken müssen … … Alles geht leicht und Du musst gar nichts tun … … Nur auf Deine Entspannung kommt es an und die stellt sich von alleine ein … … einfach, indem Du einatmest und ausatmest … … Das genügt dann schon … … Alle Muskeln kannst Du nun entspannen … … Nur so kann neue Energie hineinfließen … … wenn Du gar nichts tust … … Du kannst die Ruhe genießen und einfach abschalten … … Was immer Dir jetzt noch durch den Kopf geht … … Du lässt es los … … Du lässt es gehen … … Du wirst immer ruhiger und entspannst immer tiefer … …

Du gehst die Treppe der inneren Entspannung hinunter und bei jeder einzelnen Stufe spürst Du, wie Du loslässt und zur Ruhe kommst … … Bei jeder einzelnen Stufe werden Deine Muskeln ruhiger … … Und auch Deine Gelenke spüren die Entlastung … … zehn … … neun … … acht … … sieben … … sechs … … fünf … … vier … … drei … … zwei … … eins … … Und Du spürst die Entspannung und die innere Ruhe … … diesen Zustand der Gelassenheit … … Und vielleicht möchtest Du ja noch viel tiefer entspannen und einfach ganz weit in die Tiefe sinken, bevor Du neue Energie und neue Kraft auftankst … … Dann gehst Du noch einmal zehn Stufen hinab und Du zählst bei jeder Stufe der inneren, tiefen Entspannung … … zehn … … neun … … acht … … sieben … … sechs … … fünf … … vier … … …

drei … … zwei … … eins … … Und Du fühlst die Entspannung … … Und nun möchtest Du neue Kraft tanken … … Jede Zelle Deines Körpers mit frischer Energie versorgen … …

Du verlässt nun in deiner Vorstellungskraft diesen Raum … … Du schwebst aus Deinem Körper heraus und weit in die Ferne … … An jeden Ort der Welt kannst Du nun reisen … … einfach, indem Du es Dir vorstellst … … einfach so … … Und Du gehst jetzt zu einem wunderschönen Wald … … Ein Wald mit alten und hohen Bäumen … …

Über einen Waldweg spazierst Du in aller Ruhe und genießt die Natur … … Es ist hell hier und Du kannst weit in den Wald hinein blicken … … Alles ist saftig grün und die Blätter bewegen sich im Wind hin und her … … Und Du hörst ein sanftes Geräusch wie fließendes Wasser … … Durch die Bäume siehst Du die glitzernde, spiegelnde Oberfläche eines kleinen Sees im Wald … … Du gehst näher und näher heran und kommst an eine Lichtung … …

Über dicke und steinige Felsen strömt ein Wasserfall in diesen kleinen Waldsee … … Nur einige Meter hoch … … Du stehst am Ufer des kleinen Sees und sein Wasser ist ganz klar … … Du kannst bis auf den Boden sehen … … Das Wasser ist ganz klar und so schön, dass Du die Schuhe ausziehst und hinein gehst … … Du steigst mit den Füßen in das Wasser und es hat genau die Temperatur, die Du am liebsten hast … … vielleicht schön warm oder erfrischend kühl … … genau so, wie es für Dich am besten ist … …

Und weil es so schön ist, setzt oder legst Du Dich ganz in das frische Wasser … … Wenn Du willst, kannst Du auch etwas schwimmen … … Du spürst die Frische des Wassers, die Dir gut tut und auch Deine Kraft erfrischt und erneuert … … Du gehst zum Wasserfall und stellst Dich darunter … … Wie eine Dusche aus purer Energie … … Du spürst die frische Kraft des Wassers … … die Lebenskraft, die es mit sich bringt … … Und diese Lebenskraft nimmst Du in Dir auf … … Und alles, was Dich vielleicht stört oder belastet, das kannst Du mit dem Wasser des Wasserfalls abspülen … … wie Schmutz, der unter der Dusche abgewaschen wird … … Du spürst, wie gut das tut und wie frisch und wie neu alles wird … …

Du spürst die Reinigung deines Körpers und Deiner Seele und die Kraft, die das frische Wasser Dir spendet … … Du tauchst in den See ein, um noch mehr Energie aufzunehmen … …

Dann gehst Du zum Ufer und Du legst Dich in die Sonne … … An einem schönen Platz genießt Du die wärmende Sonne … … Sie trocknet Deinen Körper und es fühlt sich wunderschön warm an … … Du nimmst die Energie der wärmenden Sonne ganz tief in Dir auf … … und spürst, wie die wärmenden Strahlen bis unter Deine Haut gehen und tief in deine Seele … …

Lass' die Sonne noch intensiver leuchten … … ganz intensiv und ganz angenehm … … Nimm noch mehr von der guten Energie in Dir auf … … Dein Körper speichert sie … … Und Du spürst die neue Kraft … … Du spürst die Erneuerung … … Wie eine Batterie lädst Du Deinen Körper auf … … Du spürst die Kraft Deiner Muskeln … … eine innere Wärme und Geborgenheit … … und auch den neuen Mut, der mit dieser Energie verbunden ist … …

Du schließt die Augen und lässt die Sonne auf Dich wirken … … Du spürst, dass sie auch in Dir leuchtet … … Tief in Deinem Inneren leuchtet eine Sonne, die Dich mit Energie versorgt … … die Dir immer wieder neue Energie gibt … … einfach, in dem Du zur Ruhe kommst und die Augen schließt … … Dann fängt sie auch schon an zu leuchten … … so wie hier am Wasserfall … … Nur eben tief in Dir selbst … …

Du weißt, dass Du immer wieder Kraft tanken kannst … … Du kannst immer wieder verbrauchte Energie loslassen und dann neue, frische Energie auftanken … …

Und Du nimmst Dir vor, genau das immer wieder zu tun … … Dir selbst Ruhe zu gönnen … … ganz nach innen zu schauen und dann verbrauchte Energie loszulassen … … oder das, was von ihr übrig geblieben ist … … um dann Deine innere Sonne leuchten zu lassen und neue Energie aufzutanken … … So wie jetzt … …

> *[Angefüllt mit neuer Energie und Kraft kommst Du nun von deinem Ausflug zurück. Du kommst zurück in diesen Raum und in Deinen Körper. Du spürst die Kraft, die Du gewonnen hast und bringst sie mit, wenn Du gleich wieder wach wirst. Du bewegst Dich und spürst, wie Du wach wirst. Du streckst Dich und öffnest die Augen.]*

Schlusswort

Nachdem Sie die Trancegeschichten gelesen haben, sind sicherlich schon Ideen entstanden, zu welchem Anlass und in welcher Form Sie die eine oder andere Geschichte einmal vorlesen können. Das geht mit allen Geschichten auch ohne speziellen Anlass, einfach so zur Entspannung. Die angesprochenen Themen spielen bei allen Menschen eine Rolle und können keinesfalls Schaden anrichten. Wenn Sie nun überlegen, eigene Geschichten zu schreiben oder auch frei zu formulieren, dann möchte ich Sie ausdrücklich dazu ermuntern. Es steht keine Geheimwissenschaft dahinter und falsch machen können Sie kaum etwas. Wenn Sie verständnisvoll und liebevoll formulieren, gelingt Ihnen auch das Schreiben einer guten Trancegeschichte. Sie werden sehen, wie leicht das ist und wie wirksam und vor allem hilfreich Ihre eigenen Geschichten sein werden.

Der Autor

Ingo Michael Simon studierte Psychologie und Pädagogik und ist Hypnosetherapeut mit Praxistätigkeiten in Südwestdeutschland und in der Schweiz. Mit Hilfe hypnosegestützter Psychotherapie behandelt er vor allem Menschen mit anhaltenden psychischen Leiden. Angststörungen aller Art und psychosomatische Erkrankungen bilden den Schwerpunkt seiner Praxistätigkeit. Zu seinen therapeutischen Angeboten gehören hauptsächlich klassische und moderne Hypnoseanwendungen, Rückführungen und Reinkarnationstherapie sowie Therapie auf der Zauberwiese.

Ausbildungskurse

Ingo Michael Simon bietet regelmäßig Ausbildungskurse zu verschiedenen Therapieformen und Themen an. Aktuelle Informationen und Termine finden Sie auf seiner Homepage *www.praxissimon.de.*

Buchreihe: Hypnose und Trancetherapie

Simon, I. M.: Hypnosepraxis. Ein Leitfaden der Trancearbeit; Norderstedt: Books on Demand 2009. ISBN: 978-3-8370-7629-5

Simon, I. M.: Reframing in Trance. Perspektiven mit Hypnose ändern, Norderstedt: Books on Demand 2009
ISBN: 978-3-8370-7639-4

Simon, I. M.: Rückführungen. Leitfaden der Reinkarnationstherapie, Norderstedt: Books on Demand 2009
ISBN: 978-3-8370-7642-4

Simon, I. M.: Selbsthypnose. Therapie ohne Therapeut
Norderstedt: Books on Demand 2009
ISBN: 978-3-8370-9068-0

Simon, I. M.: Gruppenhypnose. Eine Anleitung für die Praxis; Norderstedt: Books on Demand 2009
ISBN: 978-3-8370-9635-4

Hypnosebücher und Trancegeschichten

Simon, I. M.: Grundkurs Hypnose. Norderstedt: Books on Demand 2009. ISBN: 978-3-8391-0170-4

Simon, I. M.: Wellen am Horizont. Trancegeschichten
Norderstedt: Books on Demand 2009.
ISBN: 978-3-8391-1394-3

Simon, I. M.: Heilsame Fantasien. Trancegeschichten für die Anwendung in der Praxis und zu Hause. Norderstedt: Books on Demand 2009. ISBN: 978-3-8391-0899-4

Heilpraktikerbücher

Simon, I. M.: Heilpraktiker für Psychotherapie. Prüfungswissen. Zur Vorbereitung auf die Amtsarztprüfung. Norderstedt: Books on Demand 2007. ISBN: 978-3-8334-9867-1

Simon, I. M.: Heilpraktiker für Psychotherapie. Die mündliche Prüfung. Norderstedt: Books on Demand 2008
ISBN: 978-3-8334-9868-8

Simon, I. M.: Heilpraktiker für Psychotherapie. Die schriftliche Prüfung. Mit kommentierten Amtsarztfragen. Norderstedt: Books on Demand 2007. ISBN: 978-3-8370-0347-5

Simon, I. M.: Heilpraktiker für Psychotherapie. 20 Fallbeispiele. Diagnosetraining für die mündliche Prüfung. Norderstedt: Books on Demand 2008. ISBN: 978-3-8370-1090-0

Simon, I. M.: Endlich Heilpraktiker. Die häufigsten Irrtümer in der Psychotherapieprüfung. Norderstedt: Books on Demand 2007. ISBN: 978-3-8370-0329-1

Simon, I. M.: Übungsaufgaben Psychotherapie. Zur Vorbereitung auf den kleinen Heilpraktiker. Norderstedt: Books on Demand 2007. ISBN: 978-3-8370-0683-4

Simon, I. M.: Crashtest Psychotherapie. Zur Vorbereitung auf den kleinen Heilpraktiker. Norderstedt: Books on Demand 2007. ISBN: 978-3-8370-0709-1

Simon, I. M.: Spezialtest Psychotherapie. Für kleine und große Heilpraktiker. Norderstedt: Books on Demand 2008
ISBN: 978-3-8370-5838-3

Simon, I. M.: Heilpraktikerprüfung Psychotherapie. 200 kommentierte Aufgaben. Norderstedt: Books on Demand 2008. ISBN: 978-3-8370-6017-1

Simon, I. M.: Diagnosetraining Psychotherapie. Ein Arbeits- und Nachschlagebuch. Norderstedt: Books on Demand 2008. ISBN: 978-3-8370-4281-8

Simon, I. M.: Psychotherapie. Der Fragenkatalog. Fachwissen Heilkunde. Norderstedt: Books on Demand 2009
ISBN: 978-3-8370-5396-8

Simon, I. M.: Crashkurs Psychotherapie. Ein Kurzlehrbuch.
Norderstedt: Books on Demand 2009
ISBN: 978-3-8370-6870-2

Heimstudium HPP in Buchform

Simon, I. M.: Heimstudium Heilpraktiker Psychotherapie.
Teil I. Norderstedt: Books on Demand 2009
ISBN: 978-3-8370-7656-1

Simon, I. M.: Heimstudium Heilpraktiker Psychotherapie.
Teil II. Norderstedt: Books on Demand 2009
ISBN: 978-3-8370-7657-8

Simon, I. M.: Heimstudium Heilpraktiker Psychotherapie.
Teil III. Norderstedt: Books on Demand 2009
ISBN: 978-3-8370-7663-9

Praxiskritik

Simon, I. M.: Das Komplott der Amtsärzte. Drama Heikundeprüfung Norderstedt: Books on Demand 2009
ISBN: 978-3-8370-6399-8

Simon, I. M.: Die Erben des Dädalus. Betrüger im Helfergewand. Norderstedt: Books on Demand 2006
ISBN: 978-3-8334-6685-4

Gedichte

Simon, I. M.: Leuchtfeuer der Seele. Gedichte
Norderstedt: Books on Demand 2007.
ISBN: 978-3-8370-0507-3